植野広生
Kousei Ueno

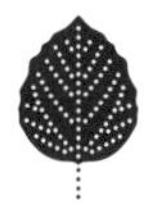

dancyu〝食いしん坊〟編集長の
極上ひとりメシ

ポプラ新書
192

はじめに

たとえば、甘辛のタレが絶妙な生姜焼き定食とか、ふわとろの卵がたまらないオムライスとか、スパイスの香りが立ち上るカレーとか、行きつけの店の大好きな料理を注文したとします。そのとき、隣に座った人もあなたと同じものを頼んだらどう思いますか？「自分が好きなものを頼んでくれて嬉しい」「真似された」「人気になりすぎると困るな」など、いろいろあると思います。でも、僕がそんなときに思うことはひとつだけ。「隣の人より美味しく食べたい！」。こんなことを思うのは、やはり〝食いしん坊〟だからでしょう。

グルメが美食を極める人たちだとすれば、食いしん坊はもっと広く食を楽しみたい。だから、立ち食いそばでもフレンチでも、焼肉でも鮨でも、A級もB級も関係なく楽しみます。料理、酒、食べ方、器、会話、景色、インテリア、音楽……さまざまな要素を楽しみます。もっと美味しく、もっと楽しくと。

そんな食いしん坊として、一番楽しいのは、実は「ひとりメシ」です。

一人で食事するなんて寂しい……と思うかもしれませんが、いえいえ、本当に楽に美味しい思いができるのですよ。


一人なら、好きなものを好きなように、好きなペースで食べられます。

一人なら、料理や酒の組み立てが自由自在です。

一人なら、店の人が気をつかってくれます。

一人なら、カウンターで料理人としっかり話ができます。

一人なら、常連とすぐに仲良くなれます。

一人なら、厨房で料理をつくっている様子を眺めることができます。

一人なら、隣の人より美味しくなる食べ方を実践できます。

一人なら、料理やサービスや設え（しつら）など細かい点に気付きやすくなります。

一人なら、ちょっとだけわがままも言えます。

一人なら、料理の感想や気付いた点などを店に伝えやすくなります。

一人なら、好きなときに帰れます。

とにかく「ひとりメシ」は楽しい。だから、僕もよく一人で食事に行きます（実際は呑みに行くことが多いのですが）。一人で食べていると、こうした有難さや快適さ、さらにはいい店の選び方や隣の人より美味しく食べる方法などもわかってきます。

……などと書くと、一人で渋く食事をしているように思われるかもしれませんが、すみません、そんなかっこいいものではないです。本当は。

一人で行っても、店の人にダジャレ（自分では「高度な日本語遊び」と言っていますが）を飛ばしまくって苦笑されたり、他の知らないお客さんと一緒に盛り上がってしまったり。

〝ひとり反省会〟と称して呑んでいる様子をSNSにアップすることもありますが、本当は反省なんかしていません。「焼き鳥があと一串半残っているから、レモンサワーをもう一杯いっとくか」「前から気になっているあの赤い靴を買おうかな、どうしようかな」「八村くんはもう少しリバウンドが取れるといいんだけどな」「明日の昼飯は、あの店にハンバーグ食べに行こう」など、雑多なことをぼんやり考えながら飲み食いしているだけです。この無駄な時間、解放されるひとときがいい。人生には〝無駄と〟解放〟が必要なのです。ちなみに、「今度、ひとり反省会に連れて行ってください！」と言う人がいるのですが、それでは〝ひとり反省会〟になりませんから。

そんな愚にもつかないことを思い浮かべながら、でも、どうやったら美味しく食べられるかは常に考えています。考えているというより、無意識にいろいろな食べ方を試したり、店や料理人を観察しています。これをじっくりできるのも「ひとりメシ」のいいところ。誰かと一緒だと「こいつは変態か⁉」と思われるようなマニアックな食べ方をすることもありますから。

でも、これは自己満足で終わるわけではありません。こうしたことの積み重ねが、誰かと食事をするときのもてなしに役立ったり、会食や飲み会の際にみんなを楽しませるヒントになったりします。ゲストを食でもてなすテレビ番組もやっていますが、それも「ひとりメシ」がベースです。ひとりメシを上手く楽しめる人は、どんな状況になっても美味しい思いができるのです。

長年にわたり、あちこちの店で「隣の人より美味しく食べる」を実践してきた僕が、その集大成として〝植野流ひとりメシ〟の極意をご紹介しましょう。

dancyu〝食いしん坊〟編集長の極上ひとりメシ／目次

第1章

実践！ 極上ひとりメシ
――植野流「美味しい」の法則

ナポリタンは「インサイド」と「アウトサイド」で

いきなりですが、実際に「ひとりメシ」で編み出した食べ方の例をご紹介しましょう。これで、僕がどのような食いしん坊なのか、そして食べ方ひとつで食事の楽しさや味わいが変わるということを少しわかっていただけると思います。

まずはナポリタンの食べ方。

「植野と言えばナポリタン」と言われるほど（僕の周りのごく一部ですが）、長年にわたって食べ方について研究と工夫を重ねてきました。いまや多くの食いしん坊たちが真似をしているという究極の食べ方です。いきなりこれを読むと「変態！」と思われるかもしれませんが、試しにやってみてください。同じ料理でも、味わいが本当に変わりますから。

ナポリタンに、いきなり粉チーズとタバスコをふりかける人をよく見かけますが、それはもったいない。それでは、最初から最後まで同じ味、しかも粉チーズとタバスコとナポリタンが混ざり合って平板な味わいのまま食べ続けることになります。

僕は、まずはそのまま食べてプレーンな味わいを確認（「ストレート」と呼びます）。次に、フォークに粉チーズをふり、そのままスパゲッティを巻いて食べます。こうすると、口の中でナポリタンの味わいが広がり、その後から粉チーズの香りが追いかけて来ます。味わいにグラデーションができて、より複雑性を感じられるのです。これを「インサイド」と呼んでいます。

同様に、タバスコでも「インサイド」で食べます。さらに、粉チーズとタバスコをフォークにふる「ダブルインサイド」もあります。

次に、スパゲッティをフォークで巻いてから、粉チーズやタバスコをふります。「インサイド」とは逆に、粉チーズやタバスコの風味の後からナポリタンの味わいが追いかけて来ることになります。これは「アウトサイド」と呼び、当然ながら「ダブルアウトサイド」もあります。

さらに、「アウトサイド」には、粉チーズなどを上からふる「アップ」と、皿に粉チーズなどをふっておいてフォークで巻いたスパゲッティの下面につける「ダウン」というバリエーションもあります。

つまり、「ストレート」「インサイド」「ダブルインサイド」「アウトサイドアップ」「アウトサイドダウン」「ダブルアウトサイドアップ」「ダブルアウトサイドダウン」……と一口ずつ、異なる味わいを楽しむのです。

面倒くさいな、と思うかもしれませんが、一度試してみてください。たとえば一皿800円だとすると、いきなり粉チーズとタバスコをふりかけている隣の人は800円の価値でしか食べていないけれど、860円くらいの価値を楽しめますよ。

牛丼は「サラダのせ」と「紅ショウガ挟み」

牛丼は熱々のうちに食べるのが旨い。それはそれで正解なのですが、僕はそれだけでは満足しません。温度と食感の変化とグラデーションによって、さらに味わいを高めます。

たとえば、吉野家であれば、「牛丼アタマの大盛り、ご飯少なめ、サラダ、胡麻ドレッシング」を注文します。で、運ばれてきたら、まず牛肉だけ一口食べ（その店のその時の味付けを確認するため。店や時間によって微妙に異なるので）、ついで、胡麻ドレッシングで軽く和えたサラダを牛丼の上にのせ、すかさず、サラダと牛肉を5対5の割合でつまんで食べる。すると、口の中で冷たいサラダと熱い牛肉が混ざり合い、温度と食感の複雑な変化によって牛肉の味わいがさらに引き立つのです。

この「肉&サラダ合わせ」は、5対5が基本ですが、牛肉とサラダの割合を変えることで味わいと食感も変化します。牛肉を多めにすれば、温度が高くなり、牛肉の甘味が立ちます。サラダを多めにすれば、温度が下がり、牛肉の食感がアクセントになります。この微妙な変化が、一緒に食べるご飯の味わいも変えることになるのです。

ちなみに、ここに紅ショウガを加える高等技術もあります。①牛肉&サラダの上に紅ショウガをのせる、②サラダに紅ショウガを混ぜてから牛肉の上にのせる、③牛肉とサラダの間に紅ショウガを挟む、④牛肉&サラダとご飯の間に紅ショウガを挟む……。それぞれ異なる味わいになるのですが、初心者の方は、まずは①と④でその違いを試してみてください。口の中に最初に紅ショウガの香りと辛味が広がるのと、後から追いかけて来るのとでは、味の印象がまったく違うはずです。

さらに、七味のふり方まで加えると……、これはかなり複雑なマトリックスになるので、またの機会に詳しく説明しましょう。

かき揚げそばは「たてかけ」が基本

立ち食いそば屋でかき揚げそばを注文すると、そばの上にかき揚げがポンとのせられますよね。そうなると、かき揚げは全体的につゆを吸って一気に香ばしさが消え、うかうかしているとあっという間にドロドロになってしまいます。これはもったいない。

僕は「たてかけ」でお願いします。そばの上にのせるのではなく、丼の縁にたてかけるように置いてもらうのです。そうすれば、つゆの侵略を受けていない上のほうはサクサクのまま食べられます。そして、徐々につゆがしみてくる下へと向かって食べていけば、「ややしっとり」『しっとり』『どっぷり」と、つゆに浸っていく感じをグラデーションで楽しめるのです。

だったら、かき揚げは別皿に入れてもらって、別々に食べればいい、と思うかもしれません。しかし、それでは「そばとかき揚げ」になってしまいます。かき揚げそばは、かき揚げがつゆに浸ってしっとりした感じと一緒にそばを食べるのも醍醐味。天ぷらとして香ばしさ、つゆとの一体感、その両方を味わえる最上の手段が「たてかけ」なのです。

まずはつゆに浸ってないかき揚げをかじり、そばをすする。次に少しつゆがしみてきたあたりをかじってそばをすする。最後につゆでふやけて柔らかくなったかき揚げとそばを一緒に食べる。これぞかき揚げそばの正しい食べ方です（コロッケそばにも応用できます)。

ちなみに、卵もつけて天玉そばにする場合も、「たてかけ」が基本ですが、ポンっと落とした生卵をどうするかが大きな問題です。そのままにしておくと、黄身が割れて丼の中が卵味になってしまいます。そこで、レンゲをもらい、生卵につゆをかけ

て黄身の周りに白い膜をつくる（黄身を軽く保護）。それをレンゲの中に入れておく。これで、万一途中で黄身が割れてしまっても、丼全体に氾濫するのを防げます。もし、店にレンゲがなかったらどうするか。もちろん、かき揚げを割り、それで卵をすくって食べます。

かつカレーは「右から2番目」から食べる

かつカレーは、とんかつとカレーの融合です。とんかつのサクッとした旨さとカレーのスパイシーな味わいを楽しみつつ、融合の美味を楽しむものなのです。そのため、多くのかつカレーは、とんかつの手前半分くらいにカレーがかかったスタイルになっています。ロースかつの場合、通常は奥側が脂身、手前が肉になるように置かれています。つまり、脂身が多い奥の部分はカリッとした衣で軽やかに食べることができ、手前の肉部分にはカレーがかかって濃厚な旨味を楽しめるのです。天才的な構造ですね！

これをより美味しく食べるには、カットされたとんかつの「右から2番目」のパーツから左へと食べ進めていきます。

単体のとんかつの場合は、「左から3番目」あたりの肉と脂身のバランスが最適なところから食べ始めるのが王道ですが、かつカレーの場合は、カレーが加わることでこの部分の旨味が強くなってしまい、最初の一口としてはインパクトが強すぎます。

そこで、脂身の少ない右側から脂身の多い左側へと食べ進むことで「淡→濃」という

味わいのグラデーションを楽しむのです。

なぜ、「右から2番目」なのか。「一番右側」は衣に覆われていて（店によってはほぼ衣状態）、とんかつとしてはバランスが悪いので、最初にカレーをかけて皿の端に置いておき、最後に食べます。衣たっぷりのとんかつをカレーの〝ヅケ〟にしておくのです。衣とカレーが一体化して、混沌とした状態を味わうのもかつカレーの醍醐味。最後に、この罪悪感たっぷりの本能的旨さを堪能しましょう。そのために2番目から食べ始めるのです。

もちろん、これらはご飯と一緒に食べ進めるのですが、とんかつの脂身の強さやカレーのスパイシー加減などに合わせて、ご飯やカレーの量を調整します。

さらに上達したら、①ご飯の上にカレーがかかったとんかつをのせる、②とんかつの上にご飯とカレーをのせる、③カレーとご飯を混ぜてからとんかつをのせる……といった応用もこなせるはずです。また、途中でちょっと口を変えたい場合に、塩やソースを使う高等技術もありますが、特にソースの場合は、衣にかけずにとんかつの断面にかけてください。そうすることで、衣の香ばしさを失うことなく、味に奥行きをつけることができます。

鰻重は「スライド」と「山椒挟み」

鰻重は、通常は横向きに鰻が置かれていて、手前に上半身、奥に下半身が置かれています（鰻が一尾入っている場合）。手前の左側が頭方向で、奥の右側が尻尾方向というのが一般的です。鰻は、頭の近くは身質がきめ細かく、腹の辺りは一番脂がのっていて、尻尾のほうは身が締まっています。ということは、頭のほうから尻尾に向かって食べていけば、ふわっとした食感から入り、徐々に脂の旨味を感じてピークに向かい、その後、しっかりした身の味わいを楽しんでフィニッシュ、という理想的な展開が実現します。つまり、鰻重は手前の左から右へ、奥の左から右へと食べ進めばいいわけです。

鰻丼はかき込むように食べるのが醍醐味ですが、鰻重はできるだけ美しく食べたい。ご飯粒があちこちに散らばった状態で食べてしまっては興醒めです。そこで、まず手前左側（鰻の頭側）に箸を入れ、鰻とご飯一口分をすくい取ります。次に、その右隣の一口分に箸を入れ、お重の左側の縁まで〝スライド〟させて食べます。お重の〝壁〟に〝当てる〟ことで鰻とご飯が崩れずに食べられるのです。これを繰り返せば、手前半分を綺麗に食べることができます。次いで、奥の半分も同様に左側からスライドさせて食べ進めます。こうすると、無計画に箸を入れた結果、食べ散らかして残ったご飯粒を箸でかき集めるような事態になることはありません。

ただ、これは右利きの場合。左利きの方は、お重を反転させて手前と奥を逆にしてください。そして奥の右側から〝スライド食べ〟をしていけば、同じように鰻の頭から尻尾へ、美しく食べることができます。

また、うな重の蓋を開けるとすぐに山椒を満遍なくふりかける方もいますが、これはいただけません。鰻が山椒の香りに支配されてしまいます（本当に美味しい鰻なら山椒は要らないくらいです）。

まずはそのまま食べ、もっとも脂がのっている手前の右側や奥の左側あたり（鰻の腹のあたり）まで食べ進んだら、山椒を使います。それも、上から山椒をふると、食べたときに口の中が山椒の香りになってしまいます。そこで、鰻をめくってご飯の上にふります。鰻とご飯の間に山椒をふることで、鰻の香りや味を感じた後から山椒の香りがふわっと来るようにするのです。

餃子は「ヒダ」と「断面」を使い分け

ラーメンにいきなり胡椒をかける人と、餃子をいきなりタレに浸す人を見かけると悲しくなります。特に、餃子は食べ方次第でもっと美味しくすることができるのに、もったいない。

仮に、一皿6個入りだったとしましょう。最初のひとつは何もつけないで食べます。それも、まずはヒダのあるほうを下にして半分かじり、残り半分は焼き目が付いているほうを下にします。これで、前半はまず舌で皮の味を感じ、後半は香ばしさを楽しむことができます。

2個目は、酢で食べます。小皿に酢だけを入れて、半分はヒダに酢をつけて、ヒダを上にして食べます。残りは断面に酢をつけて（餡に酢が染み込むので、口の中で酸味がジワリと広がります）。もちろん、焦げ目には酢やタレなど水気のあるものはつけないのがセオリーです。せっかくの香ばしさが失われてしまうからです。

3個目は酢胡椒で。最近、餃子を酢胡椒で食べるのが流行っていますが、いきなり小皿に酢と胡椒を入れると、酢胡椒状態から後戻りできなくなります。そこで、餃子のヒダ（丸まっている内側部分）に胡椒をふり、それを酢につけて食べます。これで、小皿を汚すことなく、酢胡椒で食べられるのです。後半は断面に胡椒をふり、胡椒がこぼれないようにさっと酢をつけて食します。同様の食べ方で、4個目は酢と醤油（小皿には酢だけ、餃子のヒダと断面に醤油をたらす）、5個目は酢と辣油（同様）で頂きます。

最後の6個目はどうするか。ここまで読んだあなたは、「ああ、面倒くさい！　酢と醤油と辣油を入れた小皿にドバッと浸してガブッと食いたい！」と思っているはずです。僕もそうです。がっつり浸して食べたいフラストレーションを自ら最大に高めておいて、最後の6個目は、酢と醤油と辣油を入れた小皿にたっぷり浸してガブッと食べます。これぞ餃子の醍醐味。ああ、快感。

一皿を10通りの味わいで楽しんだ後に、最大のクライマックスまである。これが餃子を最高に美味しく食べる食べ方です。

塩は上ふり、大根おろしは上のせ。天ぷらの理想的な食べ方とは

もし、初めて訪れた天ぷら屋で、目の前に塩と天つゆが置かれたら、どうしますか？

エビは塩？　イカは天つゆ？　どうする？？？　答えは……好きなように食べればい

10通り楽しむぞ〜

ウマ
あ〜メンドくさそ…

僕も自分でそう思ってる……でも!!

「餃子」

いんです。塩を薦めたのに、天つゆで食べたといって怒り出す職人は少ないと思いますし、もしいたら、そんな店には二度と行かなければいいのです。

とはいえ、たとえば海老の甘味を感じたいなら、天つゆより塩のほうがわかりやすくなります。で、塩で食べるときに、もしかしたら、お箸で海老を持って、小皿の塩をつけてそのまま食べていませんか？　それでは、海老の下側に塩がつき、食べたときに舌がいきなり塩味になってしまいますよ。だから、僕は塩を海老の上からふりかけます。そうすれば、口に入れたときに衣の香ばしさを感じ、海老の甘味を味わい、後から塩が追いかけてきて調和する、という理想的な展開になります。そのために、席についておしぼりが右側に出てきたら、左側に置き直します。右手で箸を持ち、海老を持ったときに左手で塩をつまみ、すぐにふけるようにするためです。

もちろん、天つゆと大根おろしで食べるものもあります。ただ、大根おろしを天つゆに入れることはせず、大根おろしを天ぷらにのせてから天つゆにつけて食べます。天つゆの味が大根おろしで濁るのを避け、さらに大根おろしのフレッシュさと天つゆの旨味を口の中でミックスさせて、旨味のグラデーションをつくるためです。

「大根おろしをのせやすいものは天つゆで」というのが僕の天ぷら流儀です。たとえば、キスなど身を開いてから揚げる魚はちょっと丸まった感じになりますよね。これは内側に大根おろしをのせやすい。のせたまま天つゆにつけて食べます。これに対して、包丁を入れて真っ直ぐにした海老などは大根おろしをのせにくい。これは塩で食べます。

ちなみに、かき揚げは最初の一口は上から塩をふって、二口目は下に天つゆを少しつけて、最後は上から軽く塩、下に天つゆをちょっとつけていただきます。

ラーメンは「スープでなく、麺から」の理由

ラーメン屋では、98％の人がまずスープを飲んでいます（植野調べ）。しかし、最初にスープを飲んでしまうと、麺の味がわからなくなってしまいませんか？　特に、とんこつや濃い味噌などの場合、口の中がスープの味に支配されてしまいます。

だから、僕はラーメンが運ばれてくると、まず麺を食べます。麺を噛み締めてふわりと広がる小麦の香り（麺の香りではなく軽やかな粉の香り）を感じたり、食感や喉越しなどを味わいます。それから、スープを飲む。これで、麺とスープの両方の味をしっかり楽しむことができるのです。

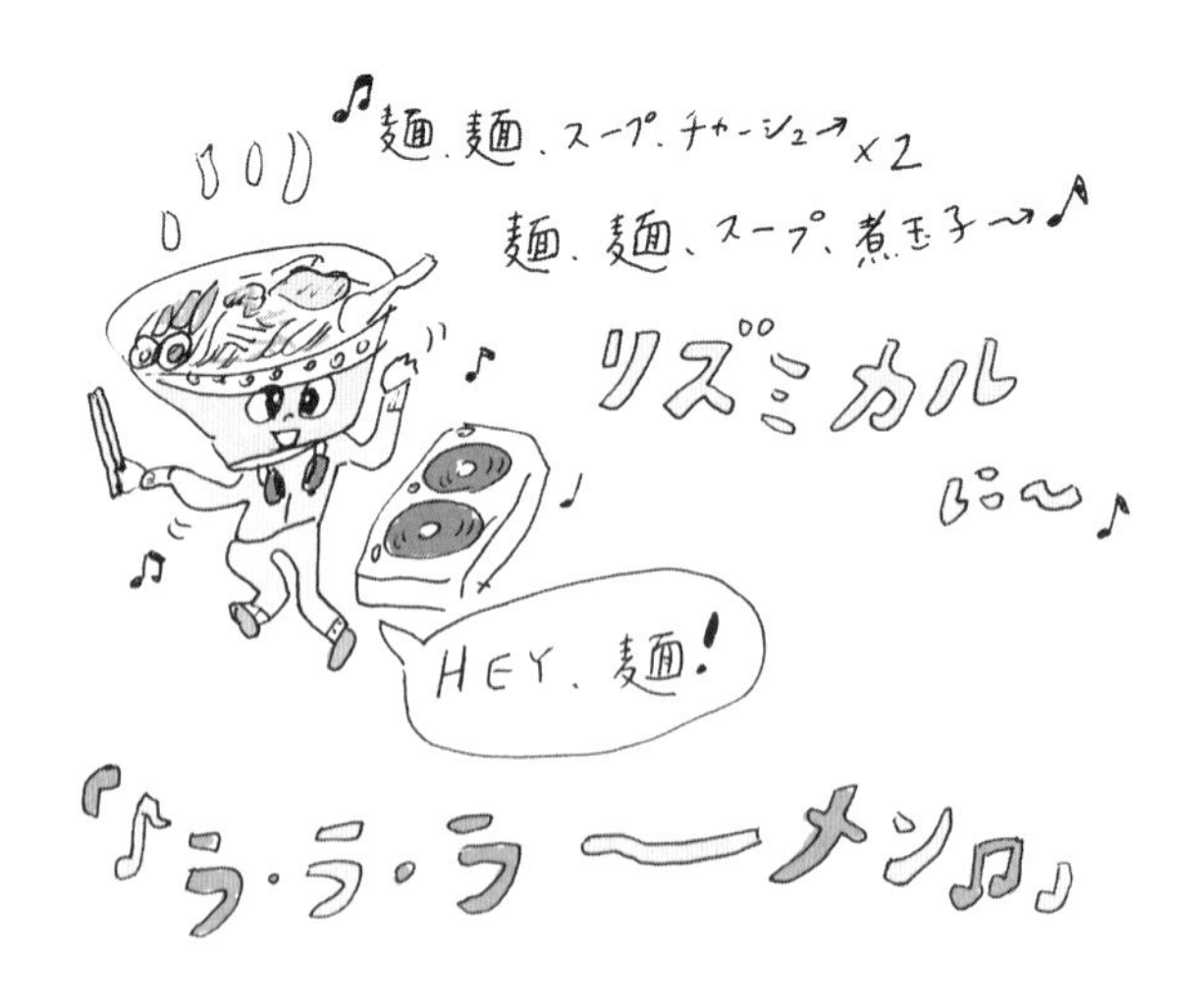

もちろん、最初から胡椒をふるようなことはしません（美味しいラーメンであれば、最後まで胡椒をふりませんが）。もし、途中で「味変」「香変」をしたくなった場合でも、直接ラーメンにはふりません。レンゲに胡椒をふって、そこにスープやラーメンを入れます。そうすることで、口の中にいきなり胡椒の刺激が広がってしまうこともなく、また丼の中に胡椒が拡散してしまうことも防げるのです。こうすれば、胡椒だけでなく、酢や辣油を入れるにしても、一口ごとに味わいを変えることができます。

シンプルなラーメンの場合、麺とスープを味わったら、次にメンマを食べます。ラーメンにおいては、麺やスープ、チャーシューや煮玉子ばかり注目されますが、実は店の姿勢がよくわかるのはメンマです。メンマの仕込みは意外に手間がかかるし、ラーメンに合わせた味付けをするのは難しいもの（だから業務用を仕入れる店が多い）。いわば脇役であるメンマが美味しければ、その店は間違いありません。メンマを食べて、餃子やチャーハンを追加注文することもあります。

その後は、麺とスープ、チャーシューと煮玉子をバランスよく食べます。仮に、チャーシュー2枚、煮玉子半分だとすると、基本は、麺、麺、スープ、チャーシュー、麺、麺、スープ、チャーシュー、麺、麺、スープ、煮玉子と食べ進め、最後に麺、スープで締めます。ラーメンのメインはあくまでも麺とスープ。引き立て役である具は、その合間に挟むように食べるのです（だから、チャーシューと麺を一緒に食べるようなことはしません！）。

汁跳ね注意！　カレーうどんを大胆かつ慎重に味わうには

カレーうどんは危険な食べ物です。朝でも昼でも夜でも夜中でも食べたくなってしまう。若いときは、二日酔いの朝に駅の立ち食いでカレーうどんをよく食べたし、今でも京都で呑んでいると深夜に祇園の「おかる」に食べに行きたくなります。そして、なによりシャツが汚れる。とても危険です。ただ、シャツに跳ねるのを気にしながら食べていると、美味しさが半減してしまいます。カレーうどんを美味しく食べるには、跳ねないようにする〝技〟が必須です。

カレーうどんの汁が跳ねるのは、①うどんを箸で持ち上げたときに1、2本脱落して落ちたときに汁が跳ねる、②すすっているときにうどんが揺れて、先端から汁が飛ぶ、③レンゲで汁を飲むときにレンゲの底から汁が垂れて跳ねる、の3つが主な要因です（植野調べ）。

①の対策は、うどんをたくさん持ち上げないことです。実験してみたところ、3本ずつ持ち上げれば、脱落することがほぼありません。また、できるだけうどんの真ん中を持ち上げるようにすることです。②は、真上からすするようにすることで防げます。うどんを箸で上に持ち上げて横から口を出して食べるから、うどんが斜めになって、結果揺れるのです。顔をどんぶりの真上に持っていって真上からすすればほぼ跳ねません。③は、レンゲを高く持ち上げず、できるだけ低い位置で飲むようにすれば

いいのです。あるいは、レンゲを使わずに丼に口をつけて飲む。

これで跳ねるのを防げます。ただし、これを本当に実践すると、かなり変な状態で食べることになり、店の人や周りの客の注目を集めてしまいます。そこで、レンゲをフル活用しましょう。レンゲにうどんをのせて食べるのが一番簡単ですが、それではうどんをすする醍醐味がありません。僕が辿り着いた結論は、うどんを持ち上げて、その先端をレンゲにのせるスタイル。これなら、うどんの先端をレンゲでコントロールでき、跳ねる3大原因を防ぎつつ、うどんをすする快感も味わえます。

ただし、箸で持ち上げたりうどんをすするスピードに合わせてレンゲを移動させなければならないので、訓練が必要ですが。

アジフライ、二分割の法則

通常、アジフライは尾ビレをつけたまま身を開いて揚げます。そして、ほとんどの人が三角形の底辺（尾ビレの反対側）から食べます。しかし、アジの構造を考えてみてください。頭に近い腹側に脂がのっていて、尾ビレに近いほうは脂ののりは薄い（身が締まっていて美味しいのですが）。ということは、頭のほうから尾ビレのほうに食べ進むと、一口目にピークが来てしまいます。理想を言えば、尾↓腹↓尾という流れで中間にピークを持っていきたい。

そこで、まずは三角形の真ん中に箸を入れ、二つに分けます。で、片方（A）の尾びれ側から腹側へ向かって食べ、次いでもう片方（B）の腹側から尾ビレ側へ向けて食べます。これで、理想的な流れになります。

そして、Aの一口目は、なにもつけずにそのまま食べてアジの味を味わう（ダジャレっぽいですが、そもそもアジの語源は「味がいいから」という説があります）。二口目は塩、三口目は醤油で味わいを変化させます（三口くらいでAは食べきるはず）。醤油は意外と思われるかもしれませんが、軽やかな風味になるし、日本酒のつまみなどには醤油が合います。お試しください。次いで、Bの一口目はソースで頂きます。尾ビレに近い部分はあっさりと、脂がのった腹の部分は醤油やソースで強い味わいを楽しむのです。

さて、残ったBの3分の2をどう食べるか。これは二つに割って、片方に軽くソースと芥子を添え。その上にもう片方をのせます。ソースと芥子を味フライでサンドする形です。みなさん、ソースや芥子をアジフライの上につけて食べますが、それだと口の中にいきなり辛さなどが広がってアジフライの味わいが消えてしまうこともあります。このようにサンドすれば、アジフライの風味の後からソースや芥子の刺激が追いかけてきて、多重構造の美味しさになるのです。

ちなみに、ソースや醬油を直接かけずに、添えられた千切りキャベツにかけて、それをアジフライにのせて食べると、さらに繊細な味わいになります。

第2章

隣の人より美味しく食べたい

――植野流「食べ方5大ルール」と好かれる客になるコツ

「隣の人より美味しく食べる」とは？

僕は、常に「隣の人より美味しく食べたい！」と考えています。

隣の人が注文したものより高価なものをオーダーする、といったことではありません。同じ店で同じときに同じ料理を注文して、同じ代金を支払うとしても、隣のお客さんより美味しく食べたいのです。

ここで、「同じ店の同じ料理だったら誰が頼んでも同じでしょ」とツッコミを入れる人は、人生の8％くらい損しているかもしれません。いやいや、違うんです。

店で食べていて、同じ料理を注文したのに、隣の常連客に自分より美味しそうなものが提供されたり、自分の皿には入っていないものが出ていた、といった経験はありませんか？　そう、店は客によって出すものを変えることがあるのです。

たとえば、魚が一尾しかなくて、それを切り分けて出すとしたら、店は一番いいところは常連客に出し、一見（いちげん）の客にはその残りを出すでしょう。これは当然ですよね。

初めて行った店で「常連客にばかりいいものを出している。差別だ！」と文句を言う人がいますが、それは間違いです。店にしてみれば、長年通ってたくさんお金を使ってくれた客を優遇するのは当たり前。これは「差別」ではなくて「区別」。いい思いをしたければ、足繁く通って常連になるしかありません。

ただ、実は常連にならなくても、場合によっては初めて行った店で優遇してもらえる可能性があるのです。実際、僕は初めての店でも美味しい思いをさせてもらえることが結構あります。それは『dancyu』の編集長だから、といったことではなく〝食いしん坊力〟を発揮するから（初めての店で「『dancyu』の植野です」などと名乗ることはありません。予約が必要なら普通に「ウエノです」と言いますし、フリで入るときは当然名乗りません）。

予約から店での注文の仕方、料理人との会話の仕方など、食いしん坊力の発揮の仕方は多岐にわたりますが、こうしたことによって、隣の人より美味しい思いができるのです。

ひとりメシだからできる試行錯誤

もうひとつ、同じ料理でも、食べ方によって味わいがまったく違ってきます。

第1章で披露したように、ナポリタンでも天ぷらでも、食べ方次第で味わいや楽しみを大きく広げることができます。

アホらしい、と思うかもしれませんが、一度試してみてください。一皿をずっと同じ味わいで食べ続ける隣の客よりも、美味しく楽しく食べることができますから。第1章で挙げたのはほんの一例ですが、鮨でも焼肉でもピザでも、あらゆる料理は食べ方や調味料のつけ方をちょっと変えるだけで、味わいがまったく異なるし、上手に食べれば美味しさがグンとアップします。同じ料理でも隣の人より美味しく食べられます。

そして、これらは誰かと一緒に食べているときにはできない（変な人だと思われて友達を失う可能性大）、ひとりメシだからこその密かな楽しみ……と思っていたのですが、実はそうではありませんでした。

以前、ある会食で真面目な話をしながら食べていたのですが、相手の方が「そういえば、植野さんは独特なナポリタンの食べ方をされるのですよね？」と話しかけてきました。僕がテレビ番組でインサイド、アウトサイドを実践しているのを観られたそうです。他の方も「え、どんな食べ方ですか？」と急に盛り上がり、しかもそこが和洋中なんでもつくれる店で、急遽ナポリタンが出てきてしまいました。仕方がないのでいつもの食べ方を披露したところ、みなさん妙に感心されて、全員がナポリタンを注文して同じ食べ方をするという不思議なことになりました。でも、それで一気に雰囲気がなごみ、会話も弾むいい会食になりました。食いしん坊の〝ひとりメシ術〟が、会食や仕事に役立つこともあるのです。

もちろん、「そんなの面倒くさい」と思う人は、好きな食べ方をすればいいのですが、ただ、少なくとも、運ばれてきた料理に、いきなり調味料をドサッとかけるのだけはやめてほしい。ラーメンの胡椒しかり、とんかつのソースしかり。同じメニューでもその日の素材の状態、季節、料理人の体調や機嫌などによって味は微妙に変化しているはず。どんな料理でも、まずはなにもかけずに一口食べてみて、それから必要があれば調味料をかけてください。僕が考える美味しいお店の条件に「テーブルに調味料を置いていない店」というのがあります。これは味に自信がある証拠であるだけでなく、「まずはそのまま食べてみてください！」というお店の無言のメッセージであると思っています。

僕は、隣の人より美味しく食べたいと思っていますが、同時に、隣の人がもったいない食べ方をしませんように、とも願っているので。

植野流5大ルール・舌を意識する

隣の人より美味しい思いをするために、自分なりの5大ルールがあります。第1章で実践したことはこのルールを応用しているものです。この理論を身につけておくと、いろいろなものに応用できます。

1 舌を意識する
2 犬歯を喜ばせる
3 間接風味づけ
4 温度差をつくる
5 フィニッシュを決めておく

「舌を意識する」というのは、最初に舌に何が当たるのかを意識するということです。

たとえば、刺身を食べるときに、箸で持って醤油をつけてそのまま口に入れていませんか？　そうすると、まず舌に醤油が当たりますよね。いきなり醤油の強い味が広がってしまいます。だから、醤油をつけたら、その面が上になるように食べるのです

（言葉では説明しにくいのですが、箸を持つ手の手首を少し捻ればできます）。これで、まず魚が舌にのり、その後から口の中に醤油の風味が広がります。魚本来の味をしっかり感じてから醤油に包まれて美味しく食べることができるのです。

鮨を食べるときも同様です。握りの底（酢飯）に醤油をつけてそのまま食べたら、舌が醤油ご飯の味に支配されてしまいます。だから、高級な鮨屋ではタネに煮切り（煮切った酒や味醂と合わせた醤油）を塗って出しますし、回転寿司など自分で醤油をつける場合でも、酢飯ではなくタネに醤油をつけて、酢飯を下にして食べるのが正解。ただ、上にのっているタネに醤油をつけてから、それを裏返し酢飯を下にして食べるのは、実は結構難しいですよね（特に箸で食べる場合はアクロバティックな動きが必要）。そこで、回転寿司では小皿に醤油を入れ、そこにガリを少し入れておきます。握りがきたら、箸でガリを持ち、ガリを刷毛（はけ）のようにしてタネに醤油を塗るのです。普通の鮨屋で手で食べる場合でも、ネギがのったアジなどは直接醤油を付けにくいので、〝ガリ塗り〟が便利です。

ちなみに、鮨屋が煮切りを使うのは、生醤油のままだと香りや味が強いので魚の繊細な味わいを消してしまうからです。酒と味醂を煮切って（アルコール分を飛ばして）

醤油を合わせるだけなので（最初から醤油も入れて煮切るやり方もありますが、醤油によっては風味が飛んでしまうので、僕は後から醤油を足します）、家庭でもできます。刺身を食べるときに生醤油と煮切りで食べ比べてみてください。違いに驚くはずです。

あるいは餃子。小皿に醤油、酢、辣油を入れ、焼き目がついた餃子の底面をたっぷりつけてそのまま口に入れたりしていませんか？　そうすると、口に入れたときにまずタレが舌について、餃子の味を感じる前に、タレの味から感じてしまいますよね。しかも、焼き目にタレをつけると、餃子の醍醐味である香ばしさが損なわれてしまいます。

第1章でも説明したように、僕は、まずは餃子そのものの味を楽しみたいので、皮を舌に当てることを考えます。まず皮の美味しさを感じ、それから具の味わい、焼き目の香ばしさと、それぞれピュアな状態で楽しむのです。タレも、酢→酢胡椒→酢と醤油→酢と辣油→酢と醤油と辣油、といった具合に淡い味から濃い味へと、それぞれの味わいを舌でしっかり感じられるようにします。

この「舌を意識する」というのは、どんな料理でも共通の基本。最初に舌に触れた味に支配されるので、まずは素材や料理そのままの状態で舌に当てるように意識しています。

犬歯を喜ばせて本能で食らう

「犬歯を喜ばせる」のは、特に肉を食べるときには重要なルールです。ステーキや焼き肉、唐揚げ、生姜焼きなど、肉料理は犬歯で食いちぎるように食べます。

今度、ステーキを食べるときに試してみてください。①ナイフで一口大に切って食べる、②一口で嚙み切れないような大きさの肉を犬歯で食いちぎってから食べる――②のほうが味を強く感じませんか？

①の一口大にカットして食べると、そのまま奥歯で嚙み締めることになります。もちろん、それでもじわりと肉の旨味を感じられるのですが、②のように犬歯で食いちぎると、肉の繊維をより強く感じ、歯茎で旨味を感じるような気がします。人間という動物の本能が喜ぶ旨さを感じるのです。

とはいえ、高級レストランやデートの際にこれをやると、店のスタッフの眉間に皺が寄ったり、相手の女性が二度と会ってくれなくなるというリスクがあるのでご注意。

間接風味づけのテクニック

どんな料理も最初はそのままの状態で食べるのが基本です。ただし、その後に味わいをさらにアップするためにちょっとした技を使うこともあります。「間接風味づけ」もそのひとつ。

通常、途中で味わいに変化をつける場合には、調味料などを加えるのが一般的です。ただし、調味料などの香りや味に口の中が支配されては意味がありません。特に強い香りや味わいのものは要注意です。

第1章で説明したように、たとえば鰻重を食べるときには、蒲焼をちょっとめくってご飯に山椒をふります。口の中がいきなり山椒の強い風味に支配されるのを防ぐのです。

あるいは卵掛けご飯であれば、通常は卵に醤油を垂らして、かき混ぜてからご飯にかけますが、これも卵のピュアな味わいが醤油に負けてしまうことが多いのです。そこで、ご飯に醤油を垂らし、少し混ぜてから卵をかけます。醤油の香りがついたご飯を卵でコーティングする感じ。これで、卵そのものの味を味わいつつ、ご飯と醤油との絶妙の相性が楽しめます（醤油がついた米とついていない米が混在することで、味わいのグラデーションも楽しめます）。

さらに時間に余裕のある方は、卵は卵黄と卵白に分け、醤油をかけたご飯と卵白を混ぜ合わせておいてから、卵黄をのせ、崩しながら食べてみてください。これで、さらにきめ細かな味わいのグラデーションが完成します。

ちなみに、途中で調味料などをちょい足しして味わいを変えることを「味変」と呼びますが、味に飽きるのを防ぐような、消極的な感じがして個人的にはちょっと違和感があります。「間接風味づけ」は、味わいをどんどん向上させるためのものですから。

温度差が複雑な味わいをつくる

「温度差をつくる」というのは、熱いものと冷たいものを組み合わせるということです。よく「熱いものは熱く、冷たいものは冷たいうちに食べるのが最高に美味しい食べ方」と言いますよね。その通り。料理人も熱いうちに、あるいは冷たいうちに食べてほしいと思って料理をつくっています。

しかし、それをさらに超越する美味しさの世界が実はあります。それが、あえて熱いものと冷たいものを混在させ、口の中で温度差をつくること。それぞれを別々に味わうよりも、香りや味わいの複雑性が感じられるようになるのです。あるいは別々に食べたのでは感じられなかった旨味が引き出されます（さらに、「温い」「ぬるい」というとても高度な味わいトーンがあり、先端の料理人がそこを狙って料理をつくるようになっています）。

とはいえ、そんなに難しいことではありません。たとえば、家で残り物のカレーを食べるときに、冷たいご飯に温め直したカレーをかけたり、温かいご飯に冷たいカレーをかけて食べたりすることとありますよね？　熱いご飯に熱いカレーをかけて食べたときとは違う旨さを感じませんか？

だから、第1章でも紹介したように、吉野家に行ったら、牛丼に生野菜サラダをのせて食べます。同じように、洋食屋に行ったらハンバーグにコールスローサラダをのせます。とんかつ屋では揚げたてのとんかつとキャベツの千切りを一緒に食べます。韓国料理の店に行けば、冷麺をキムチチゲにさっとつけて食べます（冷麺が冷たい状態のまま食べるのがポイント。つけ麺を熱い汁につけて食べるのと同じ感覚）。

これだけで、定番の料理の味わいが大きく変わります。

フィニッシュを決めておく

最後は「フィニッシュを決めておく」。これは、食べ始めるときに、最後はどのように食べ終えるかを決めておくということ。「好きなものは最初に食べるか、最後に食べるか」といった話ではなく（これはこれで重要な問題ですが）、印象と余韻を高めるための選択肢を探すという高度な戦略なのです。

ついカレーを食べ過ぎて、最後にご飯だけ残ってしまうとがっかりですよね。最後の一口を食べるとき、カレーとご飯が最適なバランスで残っていれば、美味しいイメージで食べ終えることができるはず。そのためには食べ始めるときに、どのように食べ進むか、順番や組み合わせなどの戦略を立てておくことが必要なのです。

基本は「メインの味わいで始まり、メインの味わいで終える」。たとえば、人によって食べ方の流儀がある崎陽軒のシウマイ弁当は、シウマイに始まりシウマイに終わるのが僕にとってのベストです。アンズをデザート的に最後に食べる人も多いと思いますが、それでは、食べ終えた口の中はアンズの味になってしまいます。

同じように、ステーキやハンバーグなら、付け合わせのジャガイモやニンジンを最後に食べるようなことはせず、最後の一口は肉で締める。ハンバーガーなら、バンズだけが残るような事態は避け、最後の一口はパティと野菜とバンズがバランスよく残るようにする。これが基本です。

結局、第1章に続き、食べ方の説明になってしまいましたが、以上が、植野的「美味しい食べ方」の5大ルール（実際には、さらに細かいバリエーションがありますが……）。これを読んで「面倒くさい」と思うか、「試しにやってみるか」と思うかはあなた次第です。もちろん、食事は楽しむことが最も重要なので、こうしたルールを必死に考えながら食べるのはつまらない。たまたま僕は、考えないで自然に、直感的にこうしたルールを実践することが身についてしまっているのです。

ただ、ひとりメシの際に、「たまにはこんな食べ方してみるか」と思うだけでも、隣の人より美味しい思いができる可能性は確実に高まります。

店に好かれる客になるには？

隣の人より美味しく食べるためには、食べ方だけでなく、「店に好かれる」ことも重要です。店から好かれる客になることで、いいものを出してくれたり、貴重な食材が入ったときに優先して食べさせてくれるかもしれません。

植野流5大ルール
サラダのせ！
冷た
熱～い
ん！？
「温度差をつくる」
「犬歯を喜ばせる」
ヤッター
ワー
どうだ美味しいだろ～！
山椒
これは関節技…
鰻重
「間接風味づけ」
おいしかった～
やりました！最後はお肉でフィニッシュです
029
FINISH
「舌を意識する」
「フィニッシュを決めておく」

とはいえ、「店に好かれる」というのは、店のご機嫌を伺ったり、出されるものすべてを「美味しい！」と褒めちぎるといったことではありません。店にとって「大切な客」と思われることです。

一番わかりやすいのは「常連」になること。気に入った店が見つかったら、できるだけ通う。その店の料理を食べ尽くすくらい通えば、店からも「このお客さんはウチのことをよく知っている」と一目置いてもらえるようになります。たとえばメニューが月替わりの店であれば、同じ月にまた訪ねてみるのです。店は「すごく気に入ってくれたのだ」と喜ぶし、ひと月に2回訪れた客に同じものは出せないと思うので、他の客とは違う料理を出してくれるかもしれません。

あるいは、毎回同じメニューを食べ続けるのもありですね。「なにかを気に入ってくれる」というのは店にとって嬉しいことなのです。ラーメンを食べ続けていれば「今日はチャーシュー1枚おまけだよ」などというラッキーがあるかもしれません。「ちょっと肉を替えてみたんだけど、どう？」などと聞かれるようになったら、「大切な客」として扱われている証拠です。

通うということは重要なことで、たとえば1年に一度来てたくさんお金を使う客と、

少ししか使わないけれど毎週訪れる客、どちらが「店に好かれる」と思いますか？　「どちらも大切なお客様です」と店は言うでしょうが、本当は頻繁に来てくれる客のほうがありがたいはず。経営安定に寄与するし、トータルで見たら毎週通う客のほうがお金を使ってくれることが多いからです。特に、一人客は店の印象に残りやすいので、気に入った店を見つけたら、まずは一人で通うようにしましょう。

なにより、時々顔を出してくれるということは、店にとって大きな安心につながります。店が苦境に陥ったときに、すぐに来てくれる、応援してくれる客が多いということは店の財産になるからです。

そして、常連になると「わがまま」が効くようになります。「大切な人をお連れするので、ちょっといい肉を出してください」「料理好きの人と一緒に行くので、できればカウンターの大将の前の席をお願いします」などとお願いできます。

ただし、「わがまま」はあくまでも適度な範囲内でなければいけません。鮨屋で「イカのゲソを天ぷらにして！」などというのは「わがまま」ではなく「無茶」。無茶を言う客は常連どころか出禁になっても仕方がありません。こうした最低限のマナーをわきまえてこそ、店とのいい関係を築くことができるのです。

ピンポイントで「美味しい」を伝える

とはいえ、同じ店に頻繁に通うのは難しいですよね。そんな場合でも〝常連〟的に扱ってもらえる方法があります。その店を知人に紹介するのです。「いい店があるから行ってみて」と。その知人が店に行ったときに「どうしてこの店を知ったのですか？」「〇〇さんに教えてもらいました」というやり取りがあれば（知人にそう言ってもらう）、店は「あの人はウチを気に入ってくれて、他の人にも教えてくれているんだな」と思うはず。こうしたケースが頻繁にあれば、実際に店に行く回数が少なくても、「いい客」として印象に残ります。

ただ、とにかく誰でもいいというものではありません。食べるのが好きで、店に好かれそうな人を紹介することです。店にとっての「いい客」とは、「いい客」を紹介してくれる客のこと。食に興味がない人や店の雰囲気を壊す人などを紹介すると、その人に対する評価があなたへの評価になってしまいます。ご注意を。

こうした常連になることが「店に好かれる」ための手っ取り早い方法。ただ、実はこうしたテクニックよりも、本当に店に好かれるために必要なことがあります。店にとって「気づかせてくれる客」になることです。

店にとっては「美味しかったです」と言ってくれる客は嬉しい。しかし、「美味しかった。でもここはダメだった」と言ってくれる客のほうがありがたいのです。客がどう思ったか、どう感じたかを店は常に気にしています。「美味しかったです。素晴らしかったです」と言われたとしても、「本当だろうか?」と常に不安に思っているのです。

だから、客から問題点を指摘されたり、向上のヒントを得られることを常に求めています（それが的外れなものであったり、乱暴な言い方であったりすると、店主とケンカになるか、黙って出禁にされますが）。

それを上手に伝えることができる人こそが、真に「店に好かれる客」なのです。「すごい食通でもないと、そんな指摘なんかできない！」と思うかもしれませんが、そんなことはありません。誰でも上手に伝える方法があります。

「店にとって気づかせてくれる客」になるのに一番簡単なのは、本当に美味しいものだけ「美味しい」と言うことです。当たり前だと思うかもしれませんが、飲食店に行って、周りを見渡してみてください。出てくる料理すべてに「オイシー！」と言っている人が意外に多いですから。

もちろん、美味しいものを「美味しい！」と言うのは何も問題はありませんが、あまりにもすべてを褒め過ぎると、料理人は「このお客さんには何を出しても大丈夫かな」と思ってしまいます。いろいろ食べた中で、一番美味しいと思ったものを褒めると、しかもそれが料理人にとって最も自信がある一皿であれば、「このお客さんはわかってくれる！　この人なら正しく評価してもらえる」と思います。

とはいえ、そんなに難しく考える必要はありません。定食の付け合わせの漬物が美味しいとか、味噌汁がしみじみ旨いとか、ちょっとしたことでいいのです。以前、あるラーメンに入っているメンマが旨かったので「メンマも旨いですね」と言ったら、「わかる？　自家製なんだよ」と喜んで、チャーシューをサービスしてくれました。

たとえ、褒めた料理や食材が店にとってベストのものでなかったとしても、ピンポイントで「美味しい」と伝えることで、「このお客さんはしっかり味わってくれている」と感じてもらえます。食べている途中で言わなくても、ひと通り食べ終えてから「今日食べた中で、〇〇がすごく美味しかったです！」でも大丈夫。

要は、「真面目に料理を味わいたい」という思いをわかってもらうことです。きちんと評価をしてくれる、店がレベルアップするヒントを与えてくれる、と思ってもらえたら、その瞬間から店に好かれ、隣の人より美味しいものが食べられる可能性が高くなります。

店と客は「対等の立場」で高め合うべき

同じ店に通っていると、味わいや素材、盛り付け、器などちょっと変わっていることとに気づくことがあります。そんなときは「変わりましたね」とひとこと言いましょう。店は微妙な変化に気づいてくれるだけでも嬉しいもの。工夫や改善を重ねている店なら、なおさらです。

逆に、気になったことをきちんと伝えることも大切です。味だけでなく、器がちょっと汚れていたり、サービススタッフの対応に問題があったり、照明が明るすぎる、隣の客がうるさいなど、店に行くといろいろ気になることがありますよね。そうした、意外に店が気づかないことを伝えると、店はありがたいと思うものです（思わない店は……行かなくていいでしょう）。

ただ、伝え方が問題です。店がそれをきちんと受け止められるようにしないと、関係が壊れてしまいます。他の客や店のスタッフがいるところで強く言ったりすると、主人は内心ムッとするかもしれないし、なにより店の雰囲気が悪くなります。ストレートな物言いをする知人がいて、店の問題点など、実は真っ当なことを言うのですが、食べている最中に大きな声で言うから文句を言っているようにしか聞こえない。店の人も「わかりました。ありがとうございます」と笑顔で応えるのですが、後日「あの人にはもう来てほしくない」とこっそり言われたりします。

店に気を使い過ぎる必要はありませんが、本来、店と客は対等の立場でお互いを高め合うべきだと思っています。いい点も悪い点も、きちんと伝えられて、それが店のレベルアップにつながり、客がさらにいい思いができる、という好循環が理想です。

僕は、気づいた点があったときには、帰り際に他の客やスタッフに聞こえないように、主人にそっと伝えるようにしています。あるいは、SNSなどでつながっている場合には、家に帰ってからメッセージなどを送ります。「今日はとても美味しかったけれど、ひとつだけ、お椀の柚子の香りが少し強いのが気になりました。せっかくの素晴らしい料理が、それだけのことで印象を損なうのがとてももったいないと思います」といった感じ。クレームではなく、自分がもっと美味しく楽しみたいから、せっかくの料理がもったいないから、という思いを伝えるのです。

思いを伝えるには、褒めるのはその場で、問題点は主人だけにこっそりと、が原則です。

予約は「美味しい」を手に入れる最初のチャンス

自分の思いを伝えるのは店で食べているときだけではありません。たとえば予約。

あなたはどのように予約していますか？　日時と人数だけ伝える、などというもったいないことをしていませんか？

予約は、席を確保するという事務的行為ではなく、自分の思いを店に伝え、店に行く前から自分を意識してもらうための最初のチャンス。特に初めての店の場合、自分がいかに美味しく食べたいと思っているかを、効率よく伝えることが重要です。

まずはその店を知ったきっかけを伝えること。一番いいのは、常連客の紹介です。「よく行ってらっしゃる鈴木さんに、美味しい店があると教えていただきまして」と言えば、店は安心するし、常連の紹介だから丁寧に対応してくれるはずです。もし、そう言って対応が悪かったら、その常連が実は店にとってはいい客ではない、ということなので、他の店でその人の名前を出すのはやめておきましょう。

こうした紹介がない場合は、「〇〇を見て、とても行きたくなりまして」でもOK。自分が店に興味を持ったことが伝わると同時に、店側は、情報ルートでどのような客かある程度わかるそうです。この「〇〇」はなんでもいいのですが、「雑誌、ネット、テレビの順で食への意欲が高いお客様である確率が高い」と、多くの店で聞きました。

個室なのか、カウンターの端の席なのか

ちょっとひとりメシを離れますが、食事の目的を伝えることも重要です。たとえば「接待なので個室をお願いします」。これは当たり前のように聞こえますが、ただ「個室をお願いします」だけだと、店はどんな人とどんな目的でくるのかわからないので、普通の対応しかできないかもしれません。「接待なので」とひと言付け加えることで、店は静かな奥の個室を用意してくれたり、もし先方が先に着いた場合、上席に案内してくれるはずです（接待ならこちらが早めに店に行くのが当然ですが）。

あるいは「女性をお連れするので、カウンターの端の席でお願いします」。これは、「カウンターの端」がポイント。お連れする女性があまり目立ちたくない、あるいは二人でこっそり話をしながら食べたい（でも個室にこもるのも嫌）という、微妙な関係であることを示す暗号のようなものです。

これで隣に静かな客を入れてくれたり、必要以上には話しかけないなど気を使ってくれるはずです。逆に「連れの女性が料理好きなのでご主人の前の席でお願いします」と言えば、美味しいもの好きのカップルが来ることがわかり、料理のことをいろいろ話してくれるでしょう。

とはいえ、こうした微妙な表現をわかって対応してくれるかどうかは、店や電話を受けたスタッフによります。かつて、カウンターの端に予約を入れて女性と店に行ったら、隣に大酒飲んで騒ぐオッサンたちがいて、困ったことがありました。こちらの思いがまったく伝わらない店もあるのです。伝わらなければ、そこは相性が悪い店と諦めるしかないのですが。

知識はいらない、素直にラブコールを

もちろん、料理についての確認は必須です。コースかアラカルトか、あるいはアレルギーや苦手なものがあれば予約の時点で伝えておくのは基本。さらに、ちょっとした要望を添えるのもお忘れなく。店の名物料理がわかっていれば、それをオーダーしておいたり、お任せコースであれば、魚が好き、肉が好きなどの好みを伝えましょう。店によってはコースであっても柔軟に対応してくれるかもしれません。好きな料理があれば（特に遅めの時間に行く場合は）、取っておいてもらうようにお願いしておきます。

たとえば、僕は、東京・青山の居酒屋「ぼこい」に行くときは、一人でも「ポテサ

ラ二皿分を取っておいてください」とお願いします。ここのポテサラは何の変哲もなく、ごく普通のものなのですが、世界一美味しいと思っています（ポテサラ以外も美味しい）。いつも一人で二皿は食べるから取り置きをお願いするのです。

こうした伝え方は、自分が食べたい料理をキープしておくだけでなく、自分が食べたいものや料理を予約の時点で明確に言っておくことで、「自分はあなたの店のあの料理を食べたいんです！」という店に対する〝ラブコール〟になるのです。

食べたいものを素直に伝えるのはいいのですが、知ったかぶりは厳禁です。「おたくは羊のローストが名物ですよね。国産の羊はある？」「今は戻り鰹がいい時期ですよね、用意してください」などと言うと、店は一応「ご用意させて頂きます」と答えてくれるかもしれませんが、内心は「面倒くさい客だな」と思うはず。当然ながら、その店で用いる食材のことを一番よく知っているのは料理人です。余計なことを言うより「魚が好きなので、その日のお薦めをお願いします」とお任せしたほうが、店は気持ちよく張り切って料理を出してくれます。

要するに、食知識をアピールするより、美味しいものを食べたいという気持ちを伝えることが大切なのです。

予約にベストなタイミングを知ろう

予約は自分の思いを伝えるラブコールなので、その思いがしっかり伝わるようにしなければいけません。

昼時や夜の忙しい時間帯に電話することは避けましょう。これは常識以前の問題ですね。店にもよりますが、昼と夜に営業している店の場合、昼の営業時間の終わり頃、または夜の営業開始時間の1時間程度前がいいと思います。昼の営業前だと仕込みなどが忙しいし（夜営業の店は帰るのが遅くなるので、昼営業はぎりぎりに店に出ることが多い）、夜も営業を始める1時間前頃から準備のピークになるので避けたい時間帯です。

だったら昼と夜の間のアイドルタイムに電話をすればいい、と思うでしょうが、昼夜営業の店は、この時間帯に休憩したり、主人が用事を済ませるために外出することが多いのです。昼営業の片付けを終えて、ホッとして昼寝をしているところに電話がかかってきたら、対応が鈍くなるかもしれません。料理の内容などを聞こうと思っても、主人が不在だとわからないこともあります。だから、店が活動中で、なおかつ忙しくない時間帯を狙うのです。

夜のみ営業の店の場合は、営業開始の2、3時間くらい前に電話をしてみます。昼営業がなければ、それくらい前から店で準備をしているはず。逆に、営業開始直前にならないと電話がつながらない店は、仕込みに時間をかけていない可能性があります（仕込みが忙し過ぎて、なかなか電話に出られないということもありますが）。

そもそも、予約は何日前にすればいいのでしょうか。早めに予約するに越したことはないのですが、通常の店の場合、あまり早過ぎるとキャンセルの可能性があるかもしれないと不安になると言います。そこで、「妻の誕生日なので」などと理由を一言添えると、店も安心するし、その目的に合わせた対応をしてくれます。

なかなか予約が取れない人気店の場合は、とにかく早めに連絡するしかありません。ただ、予約が先まで詰まっている店は、意外と直前にキャンセルが出ることもあるので、どうしてもその店に行きたければ、直前に連絡してみるのも手です。

ほどよく印象付けて、入る前から一歩リード！

こうした人気店にチャレンジするときには、予約が取れなかったとしても、必ず名前を告げておくことです。「予約は取れますか？　あ、満席ですか。わかりました、また電話します」だけで終えてしまうと、店には一切印象が残りません。「ウエノと申しますが、予約は取れますか?」と言っておけば、何度もチャレンジしてくれる人、という印象が残ります。場合によっては、キャンセル待ちの中で優先してくれるかもしれません。

最近は、WEB予約が増えているので直接話ができないこともありますが、そうしたシステムを利用している店はSNSで発信していることが多いので、そこにメッセージを入れるなどの手もあります。

名前を告げておく、というのは大切なことで、予約が不要の店であっても、あるいは直前であっても、事前に連絡を入れ、名前を残しておくべきです。いきなり店を訪れ、「入れますか?」と言って入れたとすると、店も対応に困ることもあるし、名乗るチャンスがないかもしれません。たとえ直前であっても「ウエノと申しますが、今から入れますか?」と電話を入れておけば、名前を認識してもらえます。店もいきなり入ってきた人は警戒するかもしれませんが、事前に連絡しておけば、「ウエノというおじさんが来る」という心の準備ができます。

ちなみに、僕は予約の段階でできるだけ自分を認識してもらうようにしています。

名前を告げるのはもちろん、「お苦手なものはありますか？」と聞かれたら「愛のない料理が苦手です」と答えます。

そうすると、店の反応は真っ二つに分かれますね。ひとつは「わかりました。精一杯、愛を込めてつくらせて頂きます」という対応。これは、やる気が感じられるのと、こんな変なことを言う客に付き合ってくれる懐の深い店。予約の段階で期待ができるし、ウエノという変な客（？）を印象付けられたはずです。

もうひとつは「はぁ？」と言われるパターン。自分で言っておいてなんですが、これは店が悪いわけではありません。こんな面倒くさいことを言われたら誰だって扱いに困りますよね。ただ、こうした対応だったとしても、「なんかヘンなことを言う客が来ますよ」と店で話題になるはず。店に行ったらそれがきっかけで会話が弾むかもしれません。たとえ初めての店であっても、予約の段階で印象付けられる。この段階で、隣の人より一歩リード(?)しているのです。

もちろん、こうした〝印象付け〟も程度問題で、やり過ぎるとただの「面倒くさい客」になってしまいます。その辺りの加減は店にもよるし、経験が必要かもしれません。ただ、こうしたやり取りも、食の楽しみのひとつだと思ってます。

特に一人客は店にとって対応の仕方や席の取り方が難しいかもしれないので、ひとりメシに行く場合でも、きちんと予約をして自分の情報を、思いを店に知ってもらうことが重要です。

第3章

食べたいものを食べたいだけ

――植野流「ひとりメシ」の楽しみ方

「自分にとってのいい店」とは？

ひとりメシの楽しさは、誰にも邪魔されることなく、自由に飲み食いができることです。ただ、「自分にとってのいい店」を見つけるのは意外に難しいですよね。だから店を選ぶ際に、「食べログ」の点数や「ミシュラン」の星などの指標を手掛かりにしている人が多いのです。

いろいろな店に行けないから、そうした指標を参考にするという面もありますが、自分で決められないために判断の拠り所を求めているということでもあると思います。でも、点数が高いから美味しいだろう、美味しいはず、というのは名刺の肩書で人を判断するようなもので少し残念だなと思います。

星や点数はどうしても値段の高い高級店になりがちですが、でも町の定食屋や蕎麦屋がそれに比べてつまらない、劣っているということはありません。

「食いしん坊ってなんですか？」と聞かれると、僕は「300円の立ち食い蕎麦も3万円のフレンチも、同じように楽しめる人」と答えます。値段や格式にとらわれず、A級もB級もなく、それぞれの店で楽しく食べられることが食の原点だと思っているからです。

といったことを言っているためか、「植野さんはミシュラン否定派ですよね？」などとよく言われますが、決してそんなことはありません。ミシュランに限らずですが、評価軸はさまざまにあったほうがいいと思っています。それに手掛かりがないと探せない、楽しめない人はツールとして活用すればいいのです。食べログを見て、比較的値段が安くて3・5以上のところを選ぶといった方法もその人なりのやり方だと思います。

ただ、点数が高かったり、なかなか予約の取れない店や話題の高級店に行って、「あの名店に行ってきました！」とSNSで写真をアップして満足している人を見かけます。確かにその体験は貴重で素晴らしいものだと思いますが、それだけではもったいない。「店を楽しむこと」より「店に行くこと」が目的のような気がしてしまいます。食いしん坊の本当の楽しみは、星の数や点数などでは表せないところにあるので、ちょっと違和感があります。

旨い店は、季節ごとに味わいが変化する

たとえば「通う」という楽しみ。滅多に行けない店より、四季ごとに行って食材や料理の違いを楽しめる店に通ったほうが楽しみは広がります。それに、通うことは「自分にとってのいい店」を見つける一番確実な方法なのです。

和洋中を問わず、どんな料理にも季節があります。割烹や鮨だけではありません。たとえば定食屋の煮魚定食なら季節によって魚が替わります。生姜焼き定食でも、夏場のものに比べ秋は豚肉の脂がのってきたとか、新玉ねぎになって食感が変わったとか、付け合わせのキャベツが柔らかい春キャベツに替わったとか、漬物が茄子になったとか、1年中同じように見える料理でも季節によって変化しているのです。

和食店や鮨屋だと「季節を感じますね」などと意識する人が多いと思いますが、とんかつ屋のキャベツでも、蕎麦屋のせいろでも、季節の移ろいを感じることができます。そういう身近な食材の変化を感じられたら、日常のひとりランチだってもっと楽しくなります。これは通ってこその味わいです。

「俺はこのラーメンを30年食べてるから味はわかってる」という人もいますが、長年つくっているラーメンでも変化はあります。個人店であればなおさらです。具材の旬だったり、気温だったり、オヤジのその日の機嫌で変わることもあります。昨日巨人が勝ったから、今日のオヤジはなんか盛りがいいね、など多彩な変化を楽しむのも食の楽しみなのです。

和食や鮨など高級店でも、通うことでその店の本当の味わいがわかってきます。頻繁には行けないにしても、初めて行って気に入ったら、できれば年に4回、春夏秋冬それぞれの季節に行くといいですね。確実なのは店に行ったときに「次はいつ頃が

いいでしょうか？」と聞くことです。「10月になれば明石から紅葉鯛が入りますから、ぜひ食べてみてください」といったお薦めをされるはずです。こうした会話をすることから、客と店のいい関係が始まり、「自分にとってのいい店」にすることができると思います。

一生通いたい店、成長を見守りたい店

お気に入りの作家が見つかると、最新作が出るたびに買って読みますよね。店も同じで、気に入った店に出会うと、ずっと通いたくなるはず。中でも「一生通いたい」と思える店が一軒でもあれば、人生が豊かになると思います。

東京・世田谷の三宿(みしゅく)に「金多楼(きんたろう)」という鮨屋があります。住宅街で約50年営業を続けている店で、職人のオヤジさんと世話焼きのお母さん、やんちゃな息子の家族経営です。

20年近く前に、ふらっと一人で入りました。入ったはいいけどオヤジはムスッとしたまま一言も話しかけてくれない。ただただ黙って出す。僕もこっちからは一言も話しかけまいと思って、一人で黙々と飲み食いしていました。

でも途中で出た握りがものすごく美味しくて、つい「この鯖、旨いですね！」と言ってしまいました。そしたらオヤジがニコッとして「旨いだろう」って。そこからいろいろ話してくれるようになり、通うようになって、いつの間にか仲良くなって、という関係です。あのとき「鯖、旨いですね」って言わなければ、一回で終わっていたかもしれません。

あの日、オヤジさんは鯖に自信あったのですね。僕も「旨い」を連呼したわけではなく、黙々と食べ続けて、鯖で初めて言った。だから親父は「あ、今日自信のあるサバを褒めてくれた」と、ちょっと嬉しかったんだと思います。

ネットの情報などではなく、こうした一期一会（いちごいちえ）のような出会いがあるのも楽しい。これもひとりメシの効果かもしれません（誰かと行っていたら、この〝鯖の奇跡〟は起こらなかったかもしれません）。

近所ということもあり、金多楼にはその後も時折行っています。何カ月ぶり、ということもあるのですが、いつ行っても変わりません。昨日会ったかのように自然に接してくれます。器も素晴らしいものを使って、芸能人とか政治家とか企業の偉い人も来ますが、誰が来ようが空気感が変わらない。みんながほどよく解放されて、でも節度が保たれている。これも通いたくなる理由です。

値段もリーズナブルで、妙に高い鮪などに手を出さず、「今の時季はこっちのほうが断然旨いよ」と美味しいカジキを出したりする。そのオヤジさんをリスペクトする息子さんがいて、いずれ後を継ぐでしょう。代替わりしても僕は通うと思います。一生通う店ですね。

こういうきちんと形ができている店だけでなく、店や料理人の成長を見続けたいので通う店もあります。

これも鮨屋なのですが、東京・四谷に「後楽寿司 やす秀(みつ)」という店があります。もともと町中にある普通の鮨屋だったのですが、代替わりした主人のやる気が素晴らしい。市場に通うのは当然として、休みになると全国の漁港に行って漁師さんに教えてもらったり、他の鮨屋に勉強に行ったり、酢飯をよくするために精米も研究したりと、本当に寝る間も惜しんで精進しています。店では冗談ばかり言うのでそんな努力をしているように見えませんが。

先代がつけ場に立っている頃から時折行っていますが、どんどんレベルがアップしています。時に研究熱心過ぎて脱線してしまうこともありますが、それを伝えるとしっかり修正します。これからどこまでレベルアップしていくのか、ずっと見守りたい店です。ちなみに「つけ場」とは鮨屋のカウンターの中、職人が鮨を握る場所です。修業中の若い衆は奥の調理場で下ごしらえをしながら、つけ場に立つことを目指してがんばるのです。

最近では、静岡の「日本料理ＦＵＪＩ」が気になっています。若い主人が地元の素晴らしい魚などを用いて季節の料理を供しているのですが、目の前で鰹節を削ってだしを取ったり、一度揚げた魚の衣を取ってお椀に入れたり、かつての日本料理の常識にとらわれずに料理をつくっています。まだ荒削りの部分もありますが、この先、どんな料理をつくるのか、10年後にどんな料理人になっているのか、とても興味があります。

このように「一生通いたい店」と「見守り続けたい店」があると、本当に楽しい。やはり、「通いたくなる店」こそ「自分にとってのいい店」なのです。

ＳＮＳよりおんちゃんのもてなし

振り返ってみると、僕にとってのいい店と出会ったのは、偶然という要素が多いかもしれません。もちろん仕事のためもあり、他の媒体やネット情報を見ることはありますが、でもそれだけで判断することはしません。

というか、判断材料としても、今は情報が多すぎると思いませんか。たとえば、「銀座　鮨」と入れて検索すると700万件以上ヒットします。これをすべて見るのは不可能。だからランキングや点数に頼らざるを得ないということになっているのです。

ただ、熱心に情報を見るあまり、事前情報過多になって、食事の楽しさを自ら放棄している面もあると思います。

たとえば、ネットを見れば、その店の名物料理や料理人の経歴などがわかります。初めて行く店なのに、「おたくの名物はこの鍋ですよね」と言ったりするのは、楽しみの可能性を狭めてしまいます。「初めて来たのですが、どれを食べればいいでしょうか？」と素直に聞けば、「ウチはこの鍋が名物です。もう少し食べられるようでしたら、この前菜も食べて頂きたいですね。お酒にも合いますよ」などと会話も広がり、初めてでも存分にその店を味わえるはずです。

以前、高知で講演をしたときに、高知の食の楽しさを全国的に広めるにはどうしたらいいかという話になって、今の時代はネットとＳＮＳを整えて、事前に情報を発信するべきという意見が出ました。確かに今の時代、それは正しいと思います。でも高知は、素晴らしい酒呑み文化があって、すぐ周りの人に話しかけて仲良くなるのが当たり前の土地柄。むしろネットを見ずに、事前情報なしで来た人のほうが楽しめるのでは、と思いました。

実際、ひろめ市場（朝から夜までやっている酒呑みフードコート）に行けば、酒を呑んでいる地元のおんちゃん（おじさん）が「おまんどっから来たがで？」と話しかけてきます。東京から来たと答えれば、酒やつまみを勧められ、すぐに一緒に「おきゃく」（宴会のこと）になってしまいます。地元の人が行く店も教えてくれます。事前情報だけで歩いていたら、こんな楽しみは味わえないですね。

ちなみに、おんちゃんが見知らぬ人に酒を勧めていると「あんたよう呑むねぇ」と笑いながら登場するおばちゃんがいたりして、また和みます。

SNSもいいけれど、こういう素敵なガイドであるおんちゃんやおばちゃんがおもてなしをしたほうが高知の良さが伝わるのでは、ということを講演の結論にしました。

余談ですが、ひろめ市場に行ったら、もちろん鰹のたたきは食べられますが、うつぼや鯨、田舎寿司など、なかなか食べられない高知名物も食べてほしいですね。

いい店は客がつくるもの

やはりデジタル情報より、こうした人と人の関係性の中で食の楽しさが高まっていくと思います。「いい店」になるかどうかも、店と客の関係次第。その関係がいま危ういバランスになっているところが多く、危惧しています。特に高級店ではそうした関係が崩れやすいと思います。

たとえば銀座の高級鮨店の中には、客がやたらと威張っているようなことがあります。「この店は俺が言えばなんでもやるから、好きなもの言って」と連れに自慢したり。逆に、主人が「ウチは市場で一番の魚を使ってるから」と声高に言い、客が「なかなか予約が取れなくて、やっと入れまして、ありがとうございます」と恐縮したり。これは極端な例ですが、明らかにバランスが崩れているのです。

あるいは、「はい、今日一番の大間(おおま)の鮪です!」などと言って握りを出す。そう言われたら客は「美味しいですね」としか言えませんよね。そうした説明があったほうがいい人もいるとは思いますが、僕は「はい鮪の赤味です」とだけ言って出してほしい。それを食べて美味しかったら「これ美味しいですね。どこの鮪ですか?」と聞いて、「これは大間の一本釣りのもので……」といったやり取りがあれば、自分の判断で味わえるし、会話も弾んで食事が楽しくなるはずです。

また、最近の高級店は「おまかせ」が当たり前になりました。予約人数さえわかれば、必要な分だけ仕入れをすればいいし、集中して仕込みができるから店にとってはメリットが大きいと思います。ただ、客としてはお好みで選ぶ楽しみがなくなります。ちょっと小腹が空いたから軽くつまんで行こう、などという粋な食べ方はできなくなりました。

だいぶ前ですが、銀座の鮨屋で食べていたら、着流しの男性が一人で入ってきて、すっとカウンターの端の席に座り、3、4貫食べて颯爽と帰っていったのを目撃しました。主人に聞くと「たまにいらっしゃるんですよ。ほとんどお話もしないのですが、たまに、『うん、旨い』と言うことがあって、ホッとします。ああいうお客さんが一番怖いですね」。

そんな怖い客がいて、でも褒めるときはきちんと褒めて、それで店がレベルを上げる、そんな関係があったのですよ、かつては。

後で詳しく書きますが、僕は学生時代に銀座のキャバレーで黒服のバイトをし、最初に働いた会社が有楽町にあったこともあり、若い頃から銀座にはよく通っていました。かつての銀座には暗黙の秩序というか、分をわきまえるマナーが存在していて、僕のような若造はここの店は行ってもいいけど、あそこはまだ早い、いつかもっと偉くなったら行こう、という感覚が自然にあったのです。

その当時、コリドー街に「クール」というバーがありました。古川緑郎さんという日本を代表する名バーテンダーがシェーカーを振る店、でもカウンターでスタンディングで呑むという気軽さもありました。最初は先輩に連れて行ってもらったのですが、一人でじっくり呑みたくなって、通いました。いきなり古川さんの前に立つのは失礼だと思い、最初はカウンターの端っこ、行くたびに少しずつ真ん中に近づいて行き、しばらく通ってついに古川さんの前に立ちました。「何度か来まして、やっと古川さんの前に立てました」と言うと、古川さんは「それは嬉しいですね。飛び切り美味しいカクテルをつくりましょう」と笑顔で言ってくれました。

もはや古き佳き銀座の思い出、今はこうしたことは必要ないのかもしれませんが、でもやはり店と客がお互いを高め合っていくことが、結局は自分にとってのいい店に仕立てていく最善の方法だと思います。

ただ、そのような世界が町場の鮨屋にはまだ残っています。

『dancyu』でも2020年1月号で「町の鮨。」という特集を掲載しました。真っ当な町場の鮨屋さん、それもネタケースがあってお好みで注文できるような店を中心に紹介しました。今日は鮨が食べたいな、と思ったときにさっと行ける鮨屋。原点に返ったような楽しい雰囲気があります。

面白いことに、予約がなかなか取れない店や高級鮨店を食べ歩いている知人からの反響が大きかったのです。みなさん、高級店の世界にちょっと疲れているのかもしれませんね。

サービスが一流の店とは？

こうやって書き連ねると、僕が高級店を否定しているように思われるかもしれませんが、そんなことはありません。「300円の立ち食い蕎麦も3万円のフレンチも、同じように楽しめるのが食いしん坊」と説明したように、高級店でも楽しく食事をします。ただし、僕が言う「高級店」は値段が高いというだけでなく、それに見合う雰囲気やサービスがある店のことですが。

甥が結婚した際に、お祝いに日比谷にあるグランメゾン「アピシウス」に連れていきました。若い二人は、あれこれ食べ歩いているわけではないので、まずは最高峰を味わってもらおうと思ったのです。食以外でもそうですが、トップを知っているとすべてを比較することができます。他の店で食べたときに、どのようなポジションかがわかりやすいと思います。

アピシウスは伝統的なフランス料理で、若い世代にとっては古いかもしれません。しかし、現代的なフレンチもこうしたものがベースであり、それにしっかりした料理には普遍的な美味しさがあります。そしてサービスが素晴らしい。サービスが一流の店は、客が気持ちよくわがままを言えます。

高級店だと敷居が高い、堅苦しいと思う人が多いかもしれませんが、一流の店ほど、客の要望に合わせていかようにも対応してくれるのです。気さくな会だったら気さくに、きちんとした会ならきちんと、女性を連れて行ったらこっちをさりげなく立ててくれる。若い男の子がドキドキしながら彼女を連れて行ったらリラックスできるようなサービスをしてくれるし、慣れている人はそのように迎えてくれる。こうした店ではすべてを店に委ねるのが楽しいのです。

ちなみに「グランメゾン」とは、実は和製フランス語で、最高級クラスのレストランのことを言います。明確な定義があるわけではありませんが、ドレスコードがある、ウェイティングバーがある、ソムリエやパティシエなどの専門職がいるなどが必要と言われます。実際には、料理の格式やサービスのホスピタリティが最高品質であることが必須だと思いますが。

高級店だけではありません。自分にとってのいい店に通い続けることで、委ねる気楽さを得られることがあります。

東京・神泉にある「オルランド」というイタリアンによく行きます。一人でふらっと訪れてはカウンターで料理をつまみながらワインを呑みます。ただ、メニューを見て料理を注文したことがほとんどありません。店に入るとオーナーシェフの小串くんが「お腹、ペコですか？　ペコペコですか？」と聞いてきます。「ペコくらいかな」と答えるだけ。ワインも「泡」「白」「赤」などと言うくらい。でも、いつも満足するものが出てきます。彼とは長い付き合いで、僕の好みもわかっているから、これで通じるのです。注文しないで美味しい思いができるのだから、本当に楽です。ただ、以前「ペコペコ」と答えたら、8皿も出てきました。もちろん、一人で全部食べましたが……。

御徒町（おかちまち）の「羊香味坊（やんしゃんあじぼう）」や「老酒舗（ろうしゅほ）」もそんな感じです。神田で「味坊」という中国東北地方の料理とナチュラルワインを出す店をやっている梁さんが、御徒町に出した２軒で、やはりあまり注文したことがありません。頼まなくてもどんどん出てくる。皿がテーブルに隙間なく並んで、「梁さん、もうお腹いっぱいで食べられない」と言うと、「わかった。じゃあ、あと焼きそばと炒飯だけね」。とても美味しくて楽しい店なのですが、帰るときはいつも満腹です。

食べたいときに、食べたいものを、食べたいだけ

「年間どれくらい外食するんですか？」「一日何軒くらいのお店を回りますか」などとよく聞かれます。でも、「さぁ、どれくらいでしょうねぇ」とはぐらかします。以前、ネットに「植野は年間６００軒以上食べ歩く」と出ていましたが、なぜみなさん軒数を言いたがるのでしょうね。

　行った店の数が多いほうがすごいといった表現には、とても違和感があります。食べ歩いた軒数より、どれだけその店を深く味わったかのほうが重要だと思うし、１万軒食べ歩くより、自分にとってのいい店が10軒あってそこに長く通うほうが人生が豊

かになると思いますが。

僕自身、仕事もあって新しい店にも行きますが、あちこちの新しい店に行くより、気に入った店に通ってその店の本当の良さをじっくり味わいたいと思っています。

では、僕が毎日どんな食生活をしているか、ご紹介しましょう。

まずは朝食。

朝は必ず食べます。前の夜、どんなに遅く、どんなにたくさん食べたとしても朝はきちんと食べます。健康上の理由などではなく、朝起きると何か食べたくなるから。「食べたいときに、食べたいものを、食べたいだけ」というのが僕の食生活の基本です。人間も動物なので、体に必要なものを欲するので、本能に従って食べるのです。

朝食は基本的に自宅で食べます。紅茶、ヨーグルト、パン、ハムかソーセージがベースですが（たまにホットサンドをつくります）、最近はキャベツの千切りを大量に食べます。酒を呑んだ後に「ラーメン食べたいな」と思うのと同じような感じで食べたくなるんです。体が欲しているのでしょうね。

合羽橋（かっぱばし）で買った業務用キャベツスライサーがあるので、シャッシャッと大量の千切りがつくれるのですが、以前、それで指先を削ってしまい、ものすごく痛い思いをしてからはほとんど使っていません。

でも、市販の千切りキャベツはちょっとパサパサしているし……と思ったら、近所のスーパー「サミット」の店内で千葉県産のキャベツをカットしたものを売っていました。その頃、大きな台風で被害を受けた千葉の生産者を応援するプロジェクトを始めていたこともあり、即購入。それ以来、よく買って朝食べています。

おすすめ、自宅の常備アイテム

千切りキャベツにはドレッシングをかけます。ドレッシングもいろいろ試してみたのですが（というか、味に飽きるのでいろいろ変えています）、マコーミックのフレンチドレッシングというのがありまして、これが秀逸。安いときは1本100円ぐらいで売ってるんですけど、知り合いのフードスタイリストさんから「実は隠し味でこれを使っている人が多い」と聞いてから常備しています。

何が秀逸かというと、これだけでは物足りないのですが、下味に使うと威力を発揮するのです。千切りキャベツも、これを少しかけて和えてから別のドレッシングをかけたり、黒胡椒をたっぷりふったりすると美味しくなります。

ポテサラもいきなりジャガイモにマヨネーズを加えるのではなく、このフレンチドレッシングで少し和えてからマヨネーズを混ぜると味わいがアップするのです。

こうした常備調味料が我が家にはいくつかあって、たとえば「スタミナ源たれ」（上北農産加工）という焼肉のたれ。もともと青森のローカル調味料だったのが、人気が出て青森以外でも販売されるようになり、今では近所の「サミット」でも買えます。「ゴールド中辛」「塩焼のたれ」などもあるのですが、スタンダードな「スタミナ源たれ」がいいんです。焼肉のもみだれやつけだれ用ですが、これも野菜炒めなどに少し入れるとコクが増します。

それから築地場外市場にある寿屋商店の「細切り塩昆布」も欠かせません。昆布と塩の旨味のバランスがとてもよくて、白飯にのせてもいいし、刻んだキャベツ、鯛の刺身に和えれば酒のつまみになります。トマトと一緒にオリーブオイルで和えれば、旨味の重ね着のような深い味わいになり、ワインにも合います。

人生で一番食べているものは？

朝は市場で食べることもあります。築地にも通っていましたし、今は豊洲に行きます。車にはいつも長靴と買い出し籠が入っていて、知り合いの仲卸さんに顔を出したりしていました。朝早起きして、市場を歩き回ってお腹が空いたところで食べる朝食は格別です。

市場の食堂というと鮨や海鮮丼を思い浮かべる人が多いかもしれませんが、そうした店は観光客が多いですね。市場で働いている人や買い出し人などは、普段嫌というほど魚を見ているためか、洋食や中華などをがっつり食べることが多いのです。

僕もいろいろな店で食べていました。「とんかつ八千代」で〝チャーシューエッグ定食〟にカニクリームコロッケをトッピングするか（さらにご飯にカレーをかけてもらうか）。「中栄」で印度カレー（ポーク）とハヤシライスの〝合がけ〟（ハーフ＆ハーフ）にして味噌汁の〝チラシ〟（溶き卵入り）にするか。それとも、蕎麦の「富士見屋」で〝鴨団子蕎麦〟に、まいたけ天をトッピングするか……いつも迷っていました。

でも最近では、ほぼ中華料理の「やじ満」に行きます。メニュー豊富で夏のあさりラーメン、冬の牡蠣ラーメンが名物、最近では「メニューにないメニュー」という日替わり料理も登場しています。僕は、野菜そば（タンメン）と「シュウマイ半個」というパターンが多いですね。野菜そばの麺を少なめにしてワンタンをトッピングすることもあります。

この店のシュウマイはハンバーグのような肉感があり、ボリューミー。一皿4個なのですが、麺類も結構な量なので、一緒に食べるときに4個はちょっと多い。そこで、一皿2個の「半個」というハーフポーションがあるのです。しかも、ここでは醤油ではなくソースが基本。僕は、2個のシュウマイをそれぞれタテ半分に割って、最初はそのまま、ソースをつけて、からしをつけて、ソースとからしをつけて、と4通りで味わいます。

メインは野菜そばだったり、マーボー麺だったり、冷やし中華だったりしますが、シュウマイ半個は必ずつけます。最近は、注文する前に出てきたり。あちこちでいろいろなものを食べていますが、人生で一番食べているのは「やじ満」のシュウマイ半個だと思います。

看板娘のひとみちゃんは、常連さんの顔を見ただけで、「ワンタンメン、ホワイト（塩味）、麺硬めの少な目、ねぎ抜きで！」などと注文を通します。毎日同じものを食べる常連が多いのですが、好みをすべて把握しているのです。席につくなりカウンターにお金を置いて、サクッと食べてさっと仕事に戻る仲卸さんたちにとっては、最高のホスピタリティですね。

洋食ランチは贅沢な時間

昼食は仕事次第です。ランチミーティングになることもあるし、仕事の都合で会社の近くでさっと食べることもあります。でも、時間があるときには、どこに食べに行こうか朝から悩みます（前日から悩むこともありますが）。

振り返ってみると、昼のひとりメシは洋食が多いですね。好きなんです、洋食。栃木で育った僕にとって、子供の頃に親に連れられて行った銀座「不二家」で食べた洋食が最高の贅沢でした。その原体験があって、今も突発的洋食欲求が起きるのかもしれません。

洋食店に行くと魅力的なメニューが並んでいて迷います。迷った挙句、ハンバーグとナポリタンを頼む確率が非常に高い（ハンバーグの付け合わせがナポリタンである確率も結構高い）。さらに、コンビネーションサラダも捨てがたい、ああ、カニクリームコロッケもある……と追加してしまう。トッピング症候群なのです。

そんな僕にとって最高の贅沢ができるのが、浅草・観音裏の「グリルグランド」です。以前、『dancyu』で紹介したときには自分で原稿を書きました。「ここに住みたい！」と題して。オムライスやカニクリームコロッケが名物で、単品で食べてもいいのですが、ここはコース仕立てにするのが楽しいのです。

冷たい前菜にチキンセロリサラダ（昼だけど、白ワインを呑みたくなる！）、温かい前菜としてカニクリームコロッケ（1個から注文できる！）、メインにハンバーグ（ナイフではなくフィッシュスプーンが出され、これが素晴らしく食べやすい！）、もしくはビーフシチュー。でも、贅沢するなら牛ヒレステーキ。鉄板の上で焼かれ、そこにソースがかかってジュワッと歓喜の声を上げるヒレ肉は、やわらかな旨味が広がり、そして残ったソースに白飯を入れて絡めて食べるのが最高。あ、デザートのプリンも頂きます。

単にそれぞれが美味しいだけではなく、昭和16年の開店から受け継がれてきた味わいがあります。洋食に限ったことではないですが、時を積み重ねることによってしか出ない味というものがあると思っています。

ほかにも、〝うますぎて申し訳ないス‼〟のキャッチフレーズでお馴染みの「ヨシカミ」（ここのヒレステーキもいい）、ビーフシチューやカツサンドが美味しい「グリル佐久良」など、浅草にはそんな洋食店が多いですね。

麻布十番の「洋食屋 大越」も時々行きたくなります。「ハンバーグ付き白スパ（塩味）」「メンチカツ付き赤スパ（ケチャップ味）」など、スパゲッティをベースにした料理が人気。僕の定番は「ハンバーグ付き赤スパ、カニクリームコロッケ1個、コールスローサラダと味噌汁をつけて」です。こういう組み合わせが多彩なのも楽しいし、寡黙な職人の親父さんとフレンチの修業を経て店に入った息子さんが厨房で料理をつくり、元気なお母さんがサービスを担当するという家庭的な雰囲気もいいのです。

この後の「いい店」の見つけ方でもご紹介しますが、そういえば、親子3人で賄う店はいい店が多いような気がします。

時々行きたくなるほかに、年に1回程度、急に食べたくなる洋食店があります。たとえば新橋の銀座ナインの地下にある「れすとらん はと屋」。カウンターだけの小さなお店。セットものが多く、たとえばナポリタンの相方にハンバーグ、コロッケ、カキフライ、チキンカツ、フライ盛り合わせなどを選ぶようになっています。

ここのナポリタンは、ケチャップ炒めではなくデミグラスソースをベースとしています。僕はここでもナポリタンとハンバーグのセットを頼むのですが、味がしっかりしていてボリュームがあって、食べるとしばらく満腹が続く。たいてい後悔するんです。でもまた一年くらい経つとどうしても食べたくなる。そして後悔する、を繰り返しています。

実はこの店、銀座「不二家」の味を受け継いでいるんです。ケーキやお菓子で知られていますが、昭和の時代には日本における洋食文化の先端でもありました。それを象徴するような銀座店の洋食レストランで、植野少年は家族と食事をしたのです。「はと屋」はその不二家レストランにいた人が開いたお店で、だから僕にとっての洋食の原点の味を求めて、食べたくなるのかもしれません。

岐阜の山奥へランチを食べに

めったにないのですが、ランチでも遠出をすることがあります。以前、岐阜に一人で昼食を食べに行きました。たまたま夕方まで予定がない日があり、朝、新幹線で名古屋まで行き、１時間ほどレンタカーを運転して着いたのは、山と田んぼに囲まれた一軒家の店「摘草料理 かたつむり」。

ここは数年前に、きのこの取材で訪れました。何がきっかけか忘れましたが、その前からfacebookで繋がっていて、きのこやジビエの料理が妙に気になり、いつか行きたいと思っていたので、取材をつくった（?）のです。この店に、清水さんというきのこ採り名人がいて、一緒に山に入りました。その日はあまりきのこは採れなかったのですが、鹿を拾うという珍しい経験をしました。

山へ向かう途中、道路脇に鹿が倒れていたんです。車を停めた清水さんが鹿を調べて「傷もないし、まだ温かい。車にはねられたばかりだね」と。「よし持って行こう。植野さん、後ろ足持って」。二人で車に積むと、近くの川へ向かい、清水さんが包丁一本で捌いて内臓を取り出しました。「すぐに内臓をださないと肉が臭くなるから」。

それを持ち帰って皮を剝いで、肉に分けてくれました。持ち帰って焼いて食べたらめちゃくちゃ旨かった。もちろん、取材のメインであるきのこ鍋なども美味しかったのですが、このときの鹿の味は忘れられません。「害獣駆除で鹿を撃って役所に持っていくとお金がもらえるもんだから、撃つ人が増えたんだけどさ、ただ撃って捨てちゃうわけさ。ちゃんと美味しく食べてあげないと可哀想だよね」という清水さんの言葉とともに。

そんなこともあったので、いつかまた行きたいと思っていたのです。昼食を食べに行ったその日も、貴重なきのこ料理を堪能していたら、「鹿食べる？」「猪食べる？」「熊食べる？」。山の幸がどんどん出てきました。料理の味もさることながら、清水さんの穏やかな声を聞いているとなぜか安らぐんです。自然の中でゆったりと食べる、最高のひとりランチでした。

最近は、こうした地方の店で感動することが多いですね。東京の店はみんな素晴らしく美味しいのですが、地方で出会う店は想定外というか、東京では得られない驚きがあります。

意味は少し違いますが、岡山・牛窓（うしまど）のイタリアン「acca（アッカ）」もそんな一軒です。もともと東京・広尾にあって、ぎりぎりまで極めた鋭い美味しさを提供していました。シェフの林さんは、たとえばパスタをつくってサービスがすぐに取りに来ないと捨ててつくり直すほど、料理に対して厳しい人でした。

しかし、母親を介護することになり、店と両立させるために岡山・牛窓に移転しました。岡山駅から車で1時間程度にある、正直不便な場所です。でも、そこでの林さんの料理は感動的に素晴らしく変化していました。近くの漁港に揚がった魚を炭火で焼いたり、地元の野菜をシンプルに料理したり。広尾時代にはなかった素朴な料理、でも心の底から美味しいと思える味わいを出していました。

冬場の「コノコ（ナマコの卵巣）のパスタ」などは僕にとって人生最高のパスタのひとつ。スタイルは変わったけれど、イタリアンの本質がベースにあるという感動を味わえます。奥様と二人で賄い、夜しか営業していないので、泊まりでないと行けないのですが、チャンスがあればいつでも行きたい店です。

こうした感動を味わえる店が全国各地にあるので、本当は常に旅をしていたい衝動に駆られます。

ひとりメシ、ひとり二次会、ひとり反省会

夜は、試食や会食などでほぼ毎日外食、たまの休みには家で料理をつくります。この料理をつくろう、と目的に合わせて買い物に行くときもありますが、最近は冷蔵庫などの食材を見て、あるもので何かつくる、というほうが多いですね。イベントで料理をつくることもあり、そんなときには豚肉の塊を焼いたり、牛頬肉を煮込んだり、大掛かりなものをつくりますが。

試食や会食だと食べるものが決まっているので、つい、その後に「ひとり二次会」

「ひとり反省会」を開催（？）してしまうこともあります。みんなでフレンチを食べた後に、町中華のカウンターで餃子食べながらレモンサワー呑んだり、和食を食べた後に、イタリアンでワイン呑んでパスタ食べたり。

最初にも書きましたが、ひとりメシ（ひとり呑み）は楽しいんです。

一人で行くとつまらなくないですか、寂しくないですかとも聞かれますが、そんなことはまったくありません。正直、美味しく楽しむために、周囲からどう見られるかは関係ありません。

「ひとり反省会」などと称していますが、もちろん反省なんかしません。仕事のアイデアを生み出そうとか、明日のためにリフレッシュしようとか有益なことは一切しません。ぼーっとして、あるいはくだらないことを考えながらゆるゆると飲み食いする。この解放感、無駄がいいのです。人生にはこういう無駄な時間が必要なんです。

それに、一人で行けば店の人が気をつかってくれます。いい店であればあるほど、上手に一人にしてくれます。いい店は、団体客より一人客のほうをケアしてくれるもの。上手に一人にする、というのは実は一番難しいのです。

一人で来ている客は、一人で食べたい人。だから店もある程度距離を保って、必要最低限のことしかしないし言わない。でも何かあったときにはすっと来て声をかけ、適度に話しかけてくれます。

ダメなサービスマンは過剰に話しかけてしまう。一人を望んでいる客に「これどうですか」などと干渉してしまう。それを見分けて、上手にできるかできないかでサービスの質が決まると思います。客に合わせた〝パーソナル・ディスタンス〟を上手に保てるかどうかは、サービスマンのセンスと感覚によるところが大きいのですが、一人で行くといい店かどうかがよりわかりやすいともいえます。

僕は中華や居酒屋のカウンターの片隅で、誰にも構われずに呑むのが好きですが、もちろんよく知っている店にも時々一人で行きます。前に挙げた神泉「オルランド」でカウンターの右端に座って、料理をつくるのを見ながらワインを呑んで、でも時折シェフと料理の話をする距離感も好き。渋谷の「鳥竹 二丁目店」の窓に面したカウンターで、喧騒の中を通り往く人の姿を眺めながら砂肝や首肉をつまんでレモンサワーを呑むのも心地いい。青山の〝レコードと鉄板焼き〟の店「赤い部屋」のカウンターで、注文しなくても次々と出てくる美味しいワインを呑んで、ポテサラやウインピー（ウインナーとピーマン炒め）、時にはステーキをつまみ、レコードのいい音を聞く安心感も捨てがたい。

でも、「赤い部屋」は一人で呑んでいても、いつの間にか自分がカウンターの中に入っていて、レコードをかけて知らないお客さんを盛り上げる、といったこともたまにしてしまいますが。

〝変態〟的食べ方のルーツは学生時代

ひとり反省会もそうですが、ボーっとしながらも、自然といろいろな食べ方をしています。第1章で紹介したナポリタンの「インサイド」のような〝変態〟的食べ方も、ひとりメシで編み出したものばかりです。

「いつからそんなことをしているか？」とよく聞かれるのですが、思い返すと学生時代だと思います。大学生のとき、バスケットボールのサークルに入っていて、仲間たちとよくとんかつ屋に行きました。なかでも新宿西口「豚珍館（とんちんかん）」にはお世話になりました。僕たちは「豚パック」と称していたのですが、「とんかつ一皿でどれだけ飯が食えるか」という若者にありがちなアホな食べ方です。

ご飯とキャベツがお替わり無料なので、まず作戦を立てます。カツひと切れでご飯一杯、ソースをかけたキャベツで一杯、でも飽きないように合間に漬物を挟み、最後は皿に残った衣とキャベツを和えて塩ふって一杯……とか。

お金がなくて、でもお腹いっぱい食べたい、しかも単調にならないようにメリハリつけて食べたい。そこから工夫が広がったのだと思います。ナポリタンのインサイドや天ぷら立てかけなど、たどり着いた結論はたいしたものではないですが、でもどんなものでも隣の人より美味しく食べられる、という幸せを手に入れた、と自分では思っています。

学生の頃はお金がありませんでしたね。高校を卒業して上京すると、大学に通う前にアパートの近所のスナックに通っていました。仕送りと奨学金だけでは心もとなく、上京して1週間後には銀座のキャバレー「モンテカルロ」で黒服のバイトを始めました。当時、マクドナルドの時給が400円程度だったと思うのですが、モンテカルロは時給750円。これにつられて入ったのです。

キャバレー文化の名残の店だったと思います。銀座7丁目のビルの地下、100席以上の空間で、舞台があって1日2回ショーを上演。着飾ったホステスさんと、見習いのグレースさんと呼ばれる若い女性が大勢いて、栃木から出てきたばかりの少年にとってはまばゆい煌（きら）びやかな世界でした（店に入って最初に言われたのは「店の子に手を出すなよ」でした）。

ただ、仕事は厳しくて、薄暗い中で、灰皿に吸い殻が2本あるだけで怒られました。「すぐに取り換えろ！」と。それに、注文される酒がわからない。「ブラッディマリーお願い」と言われても「？」。何度も聞き返せないので、そのままバーカウンターに行って「ブラなんとかください」とオーダーして、「それじゃわからねぇよ！」とまた怒られて。でも、それで酒やカクテルが少しずつわかるようになりました。そして、ホステスさんが「わたしはCドリンクをお願い」というのが、オロナミンCのことで、僕たちの時給よりも高い値段がつくことも。

お客様からたばこをお願いされることがあって（実際に僕たちが会話をするのはグレースさんだけですが）、千円札を渡されて二百数十円の〝洋モク〟とお釣りを渡すとたいていは「釣りは取っておいて」とチップを頂けます。時給分がもらえるのです。それを握りしめて、裏階段からこっそり外に出て、当時あちこちに出ていた屋台で磯辺焼きを食べるのが楽しみでした。

その後も、目白のアイスクリーム「サーティワン」、東高円寺の鰻屋、下北沢のコーヒーショップなど、アルバイトは食関係が多かったですね。

普段は家で炒め物つくったり、吉野家で牛丼などでしたが、デートでフレンチに行くとか、いいワインを買うために日雇いのバイトをしたこともありました。クリスマスにシャトー・ラトゥールを買って狭いアパートで呑んだり。１９７０年代半ばのラトゥールが当時は1万円以下で買えたのです（いま買うと10万円以上します）。

新聞記者、経済誌編集、そして『dancyu』へ

大学卒業後は業界紙の新聞記者、財テク誌『日経マネー』の編集者を経て、2001年にプレジデント社『dancyu』編集部に入りました。それまでは食の仕事ではなかったのですが、でも『dancyu』には1990年の創刊時直後から携わっていて、「大石勝太」というペンネームで記事を書かせてもらっていたのです。あ、これは「おいしかった」というダジャレです。

大石勝太時代から、自腹でいろいろな店に行って食べていました。その後いろいろな媒体で食のことを書かせてもらいましたが、仕事のためというより、ただ食べることが好きだったのです。『dancyu』の仕事で、一晩にイタリアン3軒食べるといったこともありましたが、まったく苦ではなかった。若かったですね。

『dancyu』編集部に入ってからは、さらに加速して、朝昼昼晩晩などという食生活のこともしばしば。さすがに最近はそんなに食べられませんが、それでも赤身肉のステーキ500gくらいは普通に食べますし、毎日酒も呑みます。歳のわりに胃袋は元気かもしれません。

今は店のリサーチはほぼ編集部員に任せています。もちろん個人差はありますが、

部員もよく飲み食いしますね。たまに編集部の宴会をやると、料理も酒もあっという間に消えてしまう。特集テーマが決まると、担当者は1、2カ月間は毎日同じものを食べ続けます。カレー特集なら毎日昼夜カレー。一日で5、6軒食べ回る強者（つわもの）もいます。

以前、餃子の特集をやったときには、東京の店3軒を紹介するのに、担当者二人に108軒食べ回ってもらいました。正直、そんなに食べなくてもいい店はわかるのです。ただ、「東京の美味しい餃子3軒はここ」というのと、「改めて東京の餃子108軒を食べてみたら、美味しいのはやっぱりこの3軒でした」というのでは読者に対する説得力が違いますよね。

それに「食べ込む」ことでわかることもあるのです。いきなりある店に行っても、それがベストなのか中くらいなのか、下のレベルなのかはわかりにくいですよね。でも、AとBという店で食べ比べると、どちらがいいか比較しやすい。さらにCという店で食べたらAとBの間くらいだった。ということを続けていくと、自分なりの基準ができます。食べ込めば食べ込むほどわかってくる。絶対評価は難しいですが、相対評価はやりやすいのです。

ちなみに、よく「カレーやラーメンなどを毎日食べるのは大変でしょう？」と言われますが、そうでもありません。味の濃いものは意外に食べ続けられて比較もしやすいのです。

個人差はあると思いますが、僕が毎日食べ続けて唯一辛かったのは生魚でした（これは多くのスタッフが同意します）。以前「魚特集」を掲載したときに、毎日刺身を食べ続けたのですが、最初は美味しいものの、徐々に体が冷えてくるような感じがして厳しくなってくる。刺身自慢の店は魚介以外のメニューが少なくて合間に肉料理などに逃げることもできず……。鮨なら大丈夫なのですが、生の魚介だけというのはきつかったですね。

だから、そのときは刺身の試食をした後に、イタリアンやフレンチに行っていました。これは僕だけかもしれませんが。

第4章

店に行くと、ここを見ている

——植野流「いい店」の見つけ方

覆面調査で食べ込む日々

そもそも「いい店」を探すにはどうすればいいのでしょうか？　その答えになるかわかりませんが、『dancyu』の店紹介記事のつくり方をご紹介しておきましょう。

特集テーマが決まると、まずは情報を集めます。そのジャンルに詳しい方々に聞くのですが、ただ「いい店ありませんか？」と聞くのでは答える側が難しいので、「居酒屋特集を掲載するのですが、日本酒とそれに合うつまみが充実していて、プライベートで少人数で行って楽しい店はありませんか？」といったように、テーマに合わせて具体的なシチュエーションなどを想定して情報を集めます。それに編集部の手持ちの情報を加えます。我々も日々いろいろなお店に取材しているので、「あのフレンチのシェフが毎晩通っているいい居酒屋がある」といった情報を常に仕込んでいます。

それらの情報を整理して、シチュエーションや記事の項目ごとに「試食リスト」をつくります。絞り込んでも100軒くらいになることがあります。

そこからは前章で述べたような、「食べ込み」の日々です。特集班のスタッフがライターさんなどと一緒に食べていくのですが、最初に「基準店」を設定します。「今回の記事ではこのような店を紹介しよう」というモデルですね。複数のスタッフが試

食に行くので、基準をつくっておいたほうが判断しやすいからです。基準店以上であれば取材をお願いする。そうでなければ、今回は断念する。ただし、別のテーマやシチュエーションであればお願いすることになるかもしれないので、どんな店でもきちんと見ておきます。

　ただ、僕たちはグルメ評論家ではないので、味だけで店を評価するようなことはしません。もちろん、美味しいことが前提ですが、雰囲気、サービス、清潔感、値段、酒の品揃えなど、楽しい思いができるかどうか、内容に対して値段はどうだったかなど、読者に成り代わって体験をするのです。その判断基準は記事のテーマによって異なります。たとえば値段にしても、ただ高いからダメ、というわけではありません。以前、東京特集で「親孝行は銀座で」という記事を掲載しました。親を連れて銀座で食事するならどのような店がいいか、という内容です。こういう内容のときには、自分で行く店よりも値段が高い店でもいいのです。親にいい店で美味しいものを食べてほしい、と思う気持ちを生かせる店を紹介するのが目的なので。

こうしたリアルな体験が目的ですから、当然ながら『dancyu』とは名乗らずに行きます。「ウエノといいますが、予約をお願いします」と。店に行ったら普通に飲み食いして、普通にお金を払って帰ります。覆面調査をうたっているところもありますが、そんなの当たり前ですよね。「『dancyu』ですけど試食に行きます」なんて名乗ったら、店は普通よりいい対応をしようとするでしょうから、試食の意味がありません。『dancyu』は創刊以来約30年、ずっと覆面調査です。

重要なのは「顔」「メニュー」「調味料」

基準店に比べて総合的によかったかどうか、で掲載を判断するのが基本です。「よかった」は感覚的な問題もあるので明文化しにくいのですが、実際に店を訪れると、店内の様子、料理人の様子、メニューの書き方や説明の仕方、オーダーして料理が出てくるまでスタッフがどう動くかなど、いろいろなところを見ます。なかでも僕が重視する３つの要素があります。「顔」「メニュー」「調味料」です。

「顔」というのは、「店の顔」「人の顔」「客の顔」の３つです。

「店の顔」は外観のこと。ジャンルや価格帯によって見るべきポイントが異なりますが、人の内面が顔に現れるように、店の内容も外観に現れます。

一番わかりやすいのは、掃除や片付けが行き届いているということ。古い店であっても、窓がきれいに拭いてあったり。丁寧にきれいにしているということが大切です。掃除が丁寧な店は料理の仕事も丁寧ですから。そういう店は店内も清潔にしています。油を使う中華や天ぷらなどでも店内の壁やコンロがきれいになっている店は、味わいもきれいなことが多いですね。

札幌に「すし善（ぜん）」という名店があり、東京で人気となっている店でもここで修業を積んだ職人が大勢います。社長の嶋宮さんに「優れた職人を大勢輩出しているのはなぜですか？」と聞いたところ、「いや、俺は挨拶と掃除の仕方しか教えてないよ！」

と笑っていましたが、それが基本なのだと思いました。

外に向けた「顔」でいえば、看板や暖簾などは、最小限の情報であることが店の自信を表していると思います。「中華料理○○」「ビストロ○○」といった料理ジャンルと店名があれば十分です。「テレビで紹介されました」「雑誌にのりました」「名物○○丼」などとべたべたと貼り出している店は、ちょっと要注意ですね。

高級店であれば外から客席が見えるのはちょっと気まずい（店内の客が）のですが、気軽な店であれば、適度に店内が見える感じもいいと思います。

幡ヶ谷に「SUPPLY」という居酒屋的に使い勝手と居心地がいいイタリアンがあり、外観がガラス張りで白い暖簾がかかっています。この加減がちょうどよくて、店内の賑わいや楽しそうな気配が外まで伝わってきます。

雰囲気はわかるけど見え過ぎない、そんな顔を持つ店はいい店です。

料理人、サービススタッフのここを見る

店内に入ったら、カウンター、テーブル席、個室が客にとって居心地のよい配置になっているかを確認。そのうえで、できればカウンターに席を取ります。特にオープ

ンキッチンの場合、キッチンの人数、鍋の数、包丁の種類と置き方、シンクが清潔かなどを見ます。

キッチンが汚れているのは論外ですが、せっかくきれいにしていても、客席からゴミ箱が見えたり、包丁が乱雑に置いてあったり、食材が出しっ放しであったり、あるいはコックコートやエプロンに穴があいていたりするとちょっとがっかりしますよね。オープンキッチンや鮨屋などの〝さらし〟の店では、料理人に「見られる覚悟」があるかが、こういうところに表れます。

そういうことも含めて、料理人やサービスなど店の「人の顔」を見るのです。

初めての店に入った瞬間にジロリと睨まれたら委縮しますが、いかにも美味しいものをつくってくれそうな顔の人が温かく迎えてくれたら安心します。ただ、ずっと笑っているような料理人も困りもの。忙しくなると機嫌が悪くなったりパニクってしまうのも店の雰囲気が壊れます。仕事をしているときは厳しい顔、客を見るときは穏やかな顔、忙しくなっても余裕の表情でこなす。これが理想です。

そして、料理をしながらでも客を見ているかどうかも重要。オープンキッチンの店なのに、客席を一切見ない人もいます。料理に集中しているのかもしれませんが、客の雰囲気や食事の進み具合を知ることできめ細かい対応ができるはず。もちろん、それらを伝える優秀なサービススタッフがいれば問題ありませんが、客としては客席を一切見ない（あるいは常連しか見ない）料理人はどうかと思ってしまいます。

これはもちろんサービススタッフにも言えることで、どんなに広い店でも誰か一人は客席を見ていて、客に呼ばれたらすぐ行けるという態勢でいてほしい。

カフェなどでも、ホールにアルバイトっぽいスタッフが何人もいるのに、誰一人として客席を見ていなくて、なかなかオーダーできない、という経験ありませんか？これはアルバイトが悪いというよりも、指導する側の問題でしょう。きちんとした店であれば、スタッフ同士が立ち話をしていても、視線は必ず客席を見ています。そういう教育をするからです。わずかの間でも、客を見ていない瞬間がある店は問題ありですね。

東京・青山の「ブルーノート」というジャズライブレストランに時折行きます。客は演奏が始まる前に飲み食いをして、演奏が始まると店内が暗くなってみんながステージに集中します。ただ、僕は演奏を聴きながらワインを呑むので、途中でなくなってしまうことがあります。その日も、演奏中だし暗い中だし追加注文するのは難しいな、と思っていました。でも遠くに立っているスタッフとちらっと目が合ったような気がしたので、ほんの少し手を挙げたら、すっとテーブルに来てくれました。演奏を見ている他の客の邪魔にならないように、ほんの少し手を動かしたくらいです。でもちゃんと気付いてくれた。プロのサービスですね。

大衆店でも同じです。すごく混んでる大衆食堂で、いつも目を光らせてるおばちゃん、いましたよね。あの人のサバはもう焼けた、あの人のブリはまだだね、とか。皿の片づけしながらお茶淹れながら、お客さんの注文聞いて、若い料理人をビシビシ指導するみたいな。ああいう素晴らしい能力を持ったおばちゃんはあまり見かけなくなってしまったのが残念です。

「客の顔」も重要ですね。いい店は客が楽しそうな顔をしています。それは料理が美味しいだけでなく、雰囲気や居心地がいい証拠です。ただ、大爆笑したり騒ぎすぎているのはちょっと問題。店の人が雰囲気を制御できていないことになります。こういう店は、そのときの客によって雰囲気ががらっと変わってしまうかもしれません。本当にいい店は、誰が来ても、適度な笑顔があるものです。

そして、客は店を出た瞬間に本音が表れます。店の中でとても満足した、と思っていても、店の外に出た瞬間に「ふうっ」と溜息をついてしまうことがあります。これは楽しかったけどちょっと緊張していた、美味しかったけど量が多くて食べ過ぎた、などちょっとした気疲れが出るのです。本当に満足したのであれば、店の外に出たときも笑顔が続くはずです。

だから、知らない店でも、店から出てくる客の顔を見ていれば、どんな店かだいたいわかりますよ。

居酒屋メニューの黄金比は5・4・1

「メニュー」も重要な要素です。魅力的なメニューってありますよね。それを見ているだけで楽しくなるような。そんなワクワクするメニューがある店はいい店です。そして「適度な選択肢」があること。

店にもよりますが、選ぶのにものすごく時間がかかるほど品数が多いとストレスになります。逆に少なすぎるとつまらなくなります。僕の感覚では、最初のビールを二口呑む間に、一通り眺められるくらいの品数がベスト。

さらに、その中に「食べたいもの」がちゃんとあること、「あっ、そういえば、これ食べたかったんだ！」と気づかせてくれるものがあること、そして「これなんだろう？　食べてみようか」と知らないけれど興味をひかれるものが用意されていること。「食べたい」「そういえば食べたかった」「なんだろう食べてみようか」の割合は、居酒屋なら5・4・1が理想ですね。

たとえば、焼鳥、冷や奴、ポテサラなど、定番のものがしっかり揃っていて、明太子入り卵焼き、牛肉ウニ巻きなど、「言われてみれば食べたいよね」的な料理が混ざっていて、さらにモウカノホシ、カメノテなどよくわからないものが少しある。このようなバランスだと迷い過ぎることもなく、飽きることもなく、食べ終わってもまた来ようかと思います。

一人で呑みに行く場合も、定番が多いと安心するし、逆にわからないものが少しあると、「これはなんですか？」と聞きやすい（わからないものが多すぎるとどれを聞いていいのか迷う）。「モウカノホシは、モウカザメとも呼ばれるネズミザメの心臓のことで、刺身で美味しいですよ！」。このちょっとした会話で一人でも落ち着くことができます。

ちなみにカメノテは岩場に張り付いている甲殻類の一種で、ガメラの手のようなグロい見た目ですが、茹でるととっても美味しいのです。

手書き、黒板。書き方の上手い店とは

特に、手書きメニューにはその店の性格（？）が表れます。きれいな文字だからいいというものでもありません。ちょっと雑な感じでも「これを食べてほしい」という思いが素朴に表れていると食べたくなります。

たとえば、世界一のポテサラがあるとご紹介した東京・青山の居酒屋「ぼこい」。料理の品書きを広げると、味のある手書きでずらっと料理名が並んでいます。

あじ刺身、小肌刺身、鯛かぶと焼、ししゃも焼、揚げ出し豆腐、かにクリーム春巻、小鯵唐揚げ、鱧（はも）梅肉揚げ、ピリ辛こんにゃく、ホタルイカ塩辛、まぐろぬた、ブロッコリーおひたし……。これを眺めているだけで酒が呑める並びです。どれも同じくらいの大きさでずらっと並んでいるだけなのですが、ところどころの料理がふっと浮き上がって目に飛び込んできます。

それに「あじ刺身」の下に小さく「または、たたき」なんて書いてあったりするのです。この小さな文字の書き方が絶妙でそそられます。どの料理もさりげないけれど

穏やかに旨い。それが表れているお品書きですね。

また、駒場東大前に「菱田屋」という定食屋があります。生姜焼き定食などが人気なのですが、夜は料理をつまみに呑めるのもありがたい、いい店です。ここは黒板に手書きのメニューで、これがまた魅力的。まぐろ刺身、レバニラ炒め、若鶏照焼きなどご飯が進みそうな、定番的料理が同じリズムで並んでいるのですが、食べる前に食べるサラダ、かじきまぐろ白醤油漬焼き、大きな鶏唐揚げなど、おっ！　と目に付くものがところどころに紛れています。絶妙ですね。

それに、品切れになると、消して新たな料理を書きます。いろいろな料理を用意できる店でないとできないことですが、黒板手書きならではのワクワク感を楽しめます。

先述した幡ヶ谷の「SUPPLY」も黒板メニューの書き方が上手です。イタリアンの料理が並んでいる中に、キュウリのガピ炒め、ヨータなど「？」がつくものが混ざっていたり（ガピはオキアミを発酵させたタイの調味料。ヨータは豆や野菜の煮込み料理）、タコとアスパラのバーニャカウダソースでぬた、中華っぽいミートソースといった、ニュアンスでなんとなく想像できるけど面白そうだから頼んでみようと思わせるメニューが混ざっている。楽しいですね。

中目黒にある「Tatsumi」もそうですね。アバ（内臓）料理がメインの〝モツビストロ〟です。黒板メニューがあって、前菜からデザートまで手書きで書かれています。トリッパの煮込みやイチボのローストなど真っ当（？）なメニューの合間に、アバジュレ（内臓のテリーヌ）、豚足爆弾（豚足やブーダンノワールなどを網脂で包んで焼いたもの）、コラーゲンオールスターズ（内臓やアキレス腱などの煮込み）などニヤッとするネーミングが混ざっています。

さらに「炭水化物」という項目に「たつみちゃん」というメニューがあります。これはアバ入りのナポリタンなのですが、ちょっと〝ひざかっくん〟的な崩し方というか、その力の抜き方が上手いと思います。時折、生パスタでつくることがあり、これがさらに美味しい。僕は勝手に「大家さん」と呼んでいます。「Tatsumi」は一階にあって、二階には大家さんが住んでいるというので、「たつみちゃん」の上のレベルだから「大家さん」。こんな客のお遊びにもきちんと付き合ってくれて「今日は大家さんありますよ」と言ってくれたりする。楽しい店です。

鮨屋なら小肌、貝、鮪で店の実力がわかる

料理ジャンルごとに「これを食べればその店のレベルがわかる」というメニューがあります。

これもいろいろな意見がありますが、僕は、たとえば、鮨なら小肌、貝、鮪だと思います。小肌の締め方で職人の腕が、貝の状態で仕入れの確かさが、鮪でバランスがわかります。

鮪には酢飯とのバランスおよび店のバランスが現われます。頑張って高級鮪を仕入れたとしても、酢飯がそれと釣り合わなければ握りとしてはバランスが悪くなります。高級鮪でなくても、酢飯とのバランスがよければそちらのほうが美味しい握りになることもあります。いい鮪を入れているかどうかより、このバランスが取れているかどうかのほうが重要です。また、みんなが気軽に楽しむ町の鮨屋で高級鮪を出すと、他の魚と違和感が出て、店としてのバランスが悪くなります。そこがわかるのです。

ちなみに、よく「ネタとシャリがよく合っている」などと言う人がいますが、ネタはタネ（鮨種）の符丁、つまり鮨職人が使う業界用語で、客がネタと言うのはちょっと違和感があります。またシャリは本来は米のことで（釈迦の遺骨である仏舎利が米

の形に似ていたことから)、シャリを炊いて酢飯をつくるのが正しいのです。いまはシャリ＝酢飯として使われることが多いのですが、これも符丁なので、本当は客が使う言葉ではありません。だから『dancyu』では「タネと酢飯」と表記しています。

洋食屋ならコンビネーションサラダとカニクリームコロッケ。よく「洋食屋の命はデミグラスソース。ビーフシチューを食べれば店の実力がわかる」と言いますが、デミグラスソースをきちんとつくるのは当たり前のことで、たとえばコンビネーションサラダなどメインではない料理もきちんとつくっているかのほうがわかります(コンビネーションサラダは美しく盛り付けること、そしてドレッシングの味加減が意外に難しいので店の腕が表れやすいのです)。

そして、カニクリームコロッケは、素材(カニ)の仕入れ、ベシャメルソースの仕込み(デミグラスソース同様、手間がかかる)、成形、揚げ、など洋食屋の基本技が凝縮されています。

同じように、イタリアンならトマトソース系の料理とドルチエ(デザートのこと。たとえば、ティラミスを丁寧につくっている店は美味しい)、ビストロなら、パテ・ド・カンパーニュと鴨のコンフィ、とんかつ屋なら並ロースかつ定食など、料理人の腕が

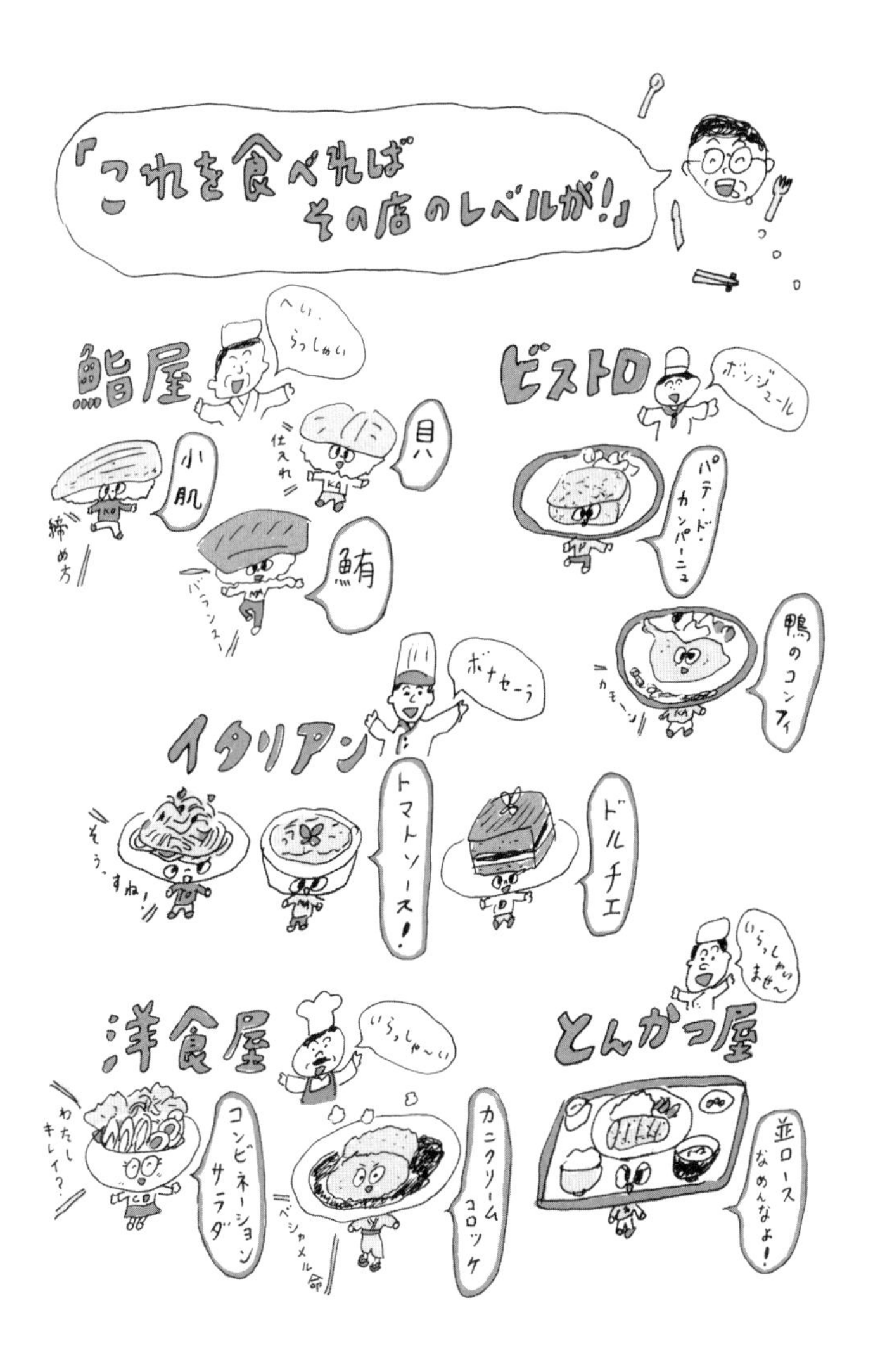
「これを食べればその店のレベルが！」
鮨屋
へい、らっしゃい
小肌
締め方
目八
仕入れ
鮪
バランス
ビストロ
ボンジュール
パテ・ド・カンパーニュ
鴨のコンフィ
カモーン
イタリアン
ボナセーラ
そう、すね！
トマトソース！
ドルチエ
洋食屋
いらっしゃ〜い
わたしキレイ？
コンビネーションサラダ
ベシャメル命
カニクリームコロッケ
とんかつ屋
いらっしゃいませ〜
並ロース
なめんなよ！

込めやすい定番の料理で確認します。これらがしっかりしている店は間違いないと思います。

どれも味が美味しいのはもちろん、定番をきちんとつくっていることが重要です。定番料理は適切な食材を使っているか、丁寧に下ごしらえをしているかなどが表れやすいからです。

ただ、パテ・ド・カンパーニュは少し違います。全体が滑らかでしっとりした食感のものが「丁寧につくっていて美味しい」と思うかもしれませんが、パリのビストロで出てくるように、豚肉の塊を感じるくらいのざっくりした食感が本来の美味しさ。この食感を出すセンスがある店は他の料理も美味しいと思います。

また、料理の中の要素でわかるケースもあります。第1章で述べたように、ラーメン屋の味のレベルはもちろん麺やスープで見ますが、店の姿勢はメンマで判断します。本当にいい店はメンマなどのディテールにも手を抜きません。銀座「八五（はちごう）」など丁寧に仕込んだメンマをさりげなくのせている店は、それだけで嬉しくなってしまいます（「八五」はメンマだけでなくすべての要素が素晴らしい！）。

理想の接客とは

客があれこれメニューを見て楽しめるスタイルとは別に、高級レストランでは立派なメニューが手渡されることがあります。ここにも店の姿勢が表れます。

たとえば、料理名が並んでいて、その下に料理の説明が書いてあるパターン。これはわかりやすくていいのですが、説明が簡潔過ぎるとよくわからないし、長過ぎるとメニューを〝読む〟のに疲れてしまいます。どちらもストレスが溜まりますね。

料理名だけ、あるいはイメージだけが書いてあるパターン。これは先端のレストランに多いのですが、たとえば「川のせせらぎ」「海の風」「大地の香り」とか。「ルッコラ、きゅうり、トマト」など食材だけが書いてある店もあります。ただこれらは、料理の内容がわからないからダメ、と一概に言い切れないのです。こうした店はサービススタッフが料理の説明をすることを前提としています。だから、メニューと説明を合わせてワクワク感を与えてくれるかどうかが問題。

マニュアル通りの説明しかできず、食材や調理法について聞くと、「えーと、シェフに聞いてきます」などと言うのではメニューを簡潔にしている意味がありません。これもストレッサーですね。丁寧に説明してくれて、こちらの疑問にきちんと答えてくれて、なおかつ自分に最適な料理の組み立てを考えてくれる。これが理想であり、しかしプロであれば当たり前の接客だと思います。

料理の進化にサービスが追い付くか

近年、レストランでの料理人のレベルとサービススタッフのレベルのアンバランスさがとても気になっています。シェフの料理のテクニックや美味しさはとても進化、高度化していると思うのですが、実際にそれを客にプレゼンテーションするサービスがそこに追いついていないケースが多いのです。料理とサービスの両輪のバランスが取れてこそ、いい店なのですが。

やはり〝サービスのスター〟が登場しないといけないですね。いま料理業界を目指す人の多くが料理人に憧れます。それは、星にしても点数にしても、料理人にスポットが当たり、マスコミなどにも露出するからです。具体的なイメージがあるから目標にしやすい。同じようにサービスのスターが現れれば、そこを目指す若者が増えるのではないかと思っています。田崎真也さんのおかげでソムリエを目指す人が増えたように。

　さらに脇道にそれますが、ここ数年、素材も調理法も、より自由な発想で料理を提供しようという流れが起こっています。たとえば「イノベーティブ（革新）」「イノベーティブ・フュージョン（融合）」というレストランの〝ジャンル〟が登場しています。料理の国籍や和洋中といったジャンルの垣根を越えて、さまざまな食材や調理法を駆使した最先端の料理です。石や木の丸い皿の右側だけに縁に沿うように料理を盛りつけたりなど、プレゼンテーションも斬新です。

　ただ、こういう進化系の料理は基礎があってこそ成り立つのです。

　たとえば、北参道の「シンシア」という人気フレンチには、小さな鯛焼き風のパイ包焼きという名物料理があります。見た目は本当に小さな鯛焼きで、ただ、中身は白身魚。これは、スズキのパイ包焼きというフランス伝統の料理がベースで、シェフの石井さんはフランス料理のベースがあるからこそ、こうした進化系をつくれるのです。

実際食べても、しっかりフレンチの味わいです。こうした基礎がない料理人がスタイルだけ真似をすると、なんの感動もない、〝なんちゃって料理〟になってしまいます。

　石の丸い皿の右側だけに盛り付けるプレゼンテーションも、基礎と哲学があってやるなら味わいが引き立つのですが、カッコいいからというだけで真似すると、そこに感動は生まれません。

ある料理人が言っていました。「格好だけ真似している人が、10年後に自分の料理の写真を見ると恥ずかしくなるかもしれませんよ。バブルの頃にイケイケだった女性が、肩パッドのがっつり入った服を着た自分の写真をいま見るように」。

話を戻しますが、和食や鮨などではお品書きがないおまかせスタイル、何がどれくらい出てくるかわからない場合があります。知人は「おまかせの恐怖」と呼んでいますが、これに陥ると落ち着いて食事ができません。予約時や店に入ったときに素直に聞きましょう。「何品くらい出ますか?」と。

その対応でいい店度合いがわかります。「10品くらいですが、大丈夫、うちのお客さんはみんな食べますよ」と言うのは0点、「あまり食べられないようでしたら2、3品抜きますよ」「食べきれないようでしたら残して頂いていいですよ」などと言うのもあまりいい店とは言えません。「少しずつ様子をうかがいながらお出ししますね」というのがいい店だと思います。これは、店にとっての手間の度合いでもあるのです。手間がかかるけれど、客のことを考えてくれるかどうかです。

さらに、誰かをお連れする場合には、予約時に内容と品数を確認して、お連れする方にさりげなく伝えておくのがマナー。食べられそうもなかったら、事前に品数を減らすなど店と相談しておけば、スムーズです。

ドリンクリストには思いが込められる

飲み物のリストにも店の姿勢や思いが出ます。たとえば、最初に日本酒が出ていて、そこに静岡の酒がたくさん入っていたら、この店の店主（または酒の担当者）が静岡出身の日本酒好きなのかな、と思いますよね。「静岡のご出身ですか？」と聞いてみると、「そうなんです。実はリスト以外にも静岡のいい酒がありまして……」となるかもしれません。そうでなかったとしても「静岡に旅行で訪れて開運にハマりまして……」などというストーリーが聞けるかもしれません。ワインでも「このワイン大好きでして、昨年、ワイナリーに行ってきたんですよ……」といった話を聞けるかもしれません。

実は、ドリンクリストには料理以上に個人的な思いが込められるのです（それが一切感じられない店は、料理やサービスもそれなりである可能性が高い）。

なので、注文した料理に合う酒はどれか、あるいはどうしても呑みたい酒があればそれをメインに料理とのペアリングを相談してみましょう。そうした要望に対して、自分の思いを織り交ぜつつきちんと提案してくれるのはいい店です。最近は、酒に限らず、ノンアルコールドリンクのペアリングを提案してくれる店も増えていますし、いろいろな楽しみ方を薦めてくれるはずです。

ちなみに、フレンチレストランなどで、分厚いワインリストを手渡されることもあります。ワインに詳しい人は喜ぶでしょうし、店の姿勢がわかるかもしれません。しかし、普通は困りますよね。特にデートなどでは、女性の前で格好よくふるまいたいのに、「いかがいたしましょうか?」なんて言われても……。

でも大丈夫。ワインのことなんか何もわからなくても、リストの値段を指差しながら「このあたりはどうでしょうか?」とソムリエに聞けばいいんです。そうすれば、「それもいいかと思いますが、ご注文のお料理にはこちらも合うと思います」と言って、予算に合わせて最適なワインを薦めてくれるはずです。

プロのソムリエの仕事は「いいワインを薦める」ことではありません。客がいかに美味しく、楽しい思いができるかをサポートするのが仕事です。この〝値段指差し作戦〟は店を見極める方法のひとつでもあるのです。これが通用しないで、「?」という顔をするようなサービスがいる店は、デートで使わないほうがいいですね。

僕は、目の前にある酒はなんでも呑みますし、基本は〝マニアではないけれどワイン好き〟なので守備範囲は広いですが、特にひとり呑みのときにはイメージを伝えるようにしています。

「疲れているので、リフレッシュできるような白ワインを」「思わずため息が出るくらい癒されるロゼを」「気持ちの良い草原で牛が散歩している風景が見えるような赤を」……僕の相手をする方は大変ですね。でも、こんなわがままでいい加減な客にも、にこやかに的確に答えてくれる人がいるのです。サービスのプロってこういうことでは、と思います。そうした僕のわがままと好みがわかっている通い慣れた店では、「白」「赤」くらいしか言いません。すごく楽ですね。

調味料入れでわかること

僕が重視する点、最後は「調味料入れ」です。

レストランならテーブルに敷かれたクロスに汚れやシワがない、町の食堂や居酒屋などであればテーブルやカウンターがきれいに拭かれている。これは当たり前として、さらにレストランではカトラリーが真っ直ぐに置かれているとか、和食では器の模様が季節に合っているとか、ディテールも重要です。すぐに気付かないかもしれませんが、ちょっとしたことで居心地は変わるのです。

同様に、食堂や町中華などで気になるのが調味料入れ。結論から言うと、こうした調味料入れが少ないほどいい店、そして小さくてきれいであればいい店である確率が高いのです。

調味料が多いということは、客が好みの味に調整したり、味変する要望に幅広く応えているように思えますが、逆に言えば「この味を食べてほしい」という思いが弱いということです。たとえば、ラーメン屋には餃子もありますから、胡椒、酢、辣油、醤油はあってもいいのですが、塩、にんにく、胡麻、からしなどまで置いてあると、この店の味は大丈夫か、と思ってしまいます。

調味料は必要最小限、極端にいえばテーブルの上に何もないのが理想です。たとえば、紹介した浅草の洋食「グリルグランド」に行くとテーブルの上には箸しか置いてありません。注文すると、料理ごとにそれに合わせたカトラリーや調味料が出てきます。最初からフォークナイフやソースなどを置いておけば店にとっては手間がかからず楽なのですが、客に合わせた丁寧なサービスをするという店の姿勢が表れているのです。

もちろん、忙しい店で人手が足りなければ、そこまでできないかもしれません。ただ、それでも調味料入れを常にきれいにしておく、中身をいっぱいにしておく、ということはできるはずです。

東京・神保町に「さぼうる2」というナポリタンが有名な喫茶店があり（僕もこのナポリタンは大好きです）、かつて取材で開店前に訪れたことがあります。ふと見ると、アルバイトの男子がタバスコの瓶の口の辺りを、爪楊枝で丁寧に掃除していました。「タバスコの瓶まで掃除するんですね」と話しかけると、「毎日開店前にやります。汚れていたらお客様も嫌ですよね」。タバスコの瓶の汚れまできれいにしている店は客や料理などすべてに気配りができると思います。しかも、その気持ちがアルバイトにも伝わっている店は素晴らしいと思いました。

細かいことですが、調味料入れが小さい店は気配りが行き届いていることが多いですね。入れ物が小さいということは、中身がなくなりやすいので、常に気にしていなければならない。それに、調味料も長く入れておくと酸化してしまいます。小さい容器でこまめに入れたほうが風味を保てるということにもなります。

調味料入れを見ただけでも、店の姿勢や気配りがわかるのです。

メイン料理には腕前が、付け合わせには心が

店の気配りは、もちろん料理の見た目にも表れます。店や客の「顔」を見ると書きましたが、当然ながら「皿の顔」も重要です。ただ、メインの料理や配置などだけでなく、付け合わせなどにどれだけ気を配っているかを見ます。

居酒屋であれば刺身のつまや山葵の添え方、洋食であれば付け合わせのじゃがいもや人参のカットの仕方、定食であれば千切りキャベツの盛り方や漬物の盛り方……。こういう細かいところは、手を抜こうと思えば抜けるし、それで客が減るということはないと思います。しかし、そうしたディテールまできちんとしている店はすべてにおいて丁寧な仕事をしています。

たとえば、東京・人形町のとんかつ「かつ好（よし）」は、瑞々（みずみず）しいキャベツの千切りが美しく、小高い山のように盛られます。

ちなみに、美味しい千切りキャベツやサラダなどは、〝立って〟います。野菜それぞれが上に向かっているように見えるのです。それは素材の新鮮さや切り方、盛り付けの仕方などいろいろな要因があるのですが、「かつ好」の千切りキャベツはまさにそんな感じの美しさがある。そして漬物の盛り方もきりりと美しい。これを見ただけ

で、どんな店かわかります。その通り、仕事が実に丁寧で、とんかつの味わいも穏やかで、でも感動的に美味しいのです。

いい黒板メニューがあると紹介した定食の「菱田屋」もそうです。ボリューミーな料理が目立ちますが、実は漬物の盛り付けが美しいし、メインの料理と付け合わせのサラダとのバランスもいい。

だから、店のことをネットで調べるときに、点数やコメントなどはあまり参考にしないのですが、画像を見ます。投稿者が上げる写真は、雑誌の撮影などではなく、通常営業時のものですから、店内の様子やメニュー、調味料入れ、料理の盛り付け、付け合わせなどがリアルにわかります。これは仕事でもプライベートでも参考になりますね。

いい店のホスピタリティとは

この章の締めくくりとして、ホスピタリティについて考えてみましょう。

飲食業界における「ホスピタリティ」は、サービススタッフの接客法として言われることが多いのですが、本来「客が美味しく楽しく食事をするための気配り」のことだと思います。これまで説明してきた、店の清潔感やメニューなども含め、それができているかどうかで、いい店かどうかが決まります。

西麻布に「三河屋」という人気の揚げ物定食屋があります。平日限定、お昼前後の3時間だけの営業、いつも行列で、ライスが切れるとその日は終了。コロッケ、メンチ、ミックス、ハムかつなど8種類の揚げ物名が並ぶお品書きは潔く、凜々しいのですが、中身はとても人情味溢れる店なのです。それぞれ揚げ物がど～んとのってくるのですが、さらに〝おまけ〟がついてきます。メンチ定食を頼むとメンチが2つのって、さらにおまけの小さいコロッケがのってくる。つまり、何を頼んでも〝ミックス〟になってしまう。

これは、単にボリューミーなのではなく、子供にたくさん食べさせたいといった親の愛情にも似た気持ちが現われ出ている気がします。今は娘さんたちが店を切り盛りしていますが、ご両親がやっていた頃からのもてなしです。

ここも大盛りのキャベツの千切りが美しく盛られるのですが、以前、キャベツが高騰しているときに行ったら「キャベツまだある？　キャベツが高いときは他でたくさん食べられないだろうから、ウチでたくさん食べてね」と言って追加してくれました。

こういう〝心意気〟も嬉しいですね。

また、三軒茶屋に「來來來（らいらいらい）」という長崎ちゃんぽんの店があります。ここのちゃんぽんや皿うどんは、本当に美味しくて、毎日でも食べたくなるほど滋味です。厨房では親父さんが丁寧に味見をしながら料理をつくり、息子さんが調理を手伝い、お母さんがサービスする小さな店。

その様子と味わいだけでも癒されるのですが、以前、代金を支払って、お釣りをもらうときに僕が50円玉をうっかり落としてしまいました。すかさずそれを拾ったお母さん、そのまま手渡すのかと思ったら、すっとポケットから別の50円玉を出して渡してくれました。床に落ちたお金は客に渡さないというその気持ちと行動が一瞬にして、自然に出るのです。これが本当のホスピタリティだと感じた瞬間でした。

ちゃんぽんといえば、長崎の「寿々屋（すずや）」も大好きです。唐人街の住宅の中にポツンと佇む食堂で、昔ながらの本場のちゃんぽんと皿うどん、そしてお母さんとお子さんたち（姉弟）の3人で営む雰囲気は、故郷に帰ってきたようなほっとする感じです。たまにしか行けませんが、ショーケースに入れて販売しているおいなりさんやお惣菜も勧めてくれて、本当に親戚の家にいるようです。

チェーン店などは、「今日の売り上げ」を積み上げるビジネスです。でも、こうした町場の個人店は、1年、5年、10年と、継続する時間の中で客をもてなしています。1日の商売では採算は合わないかもしれませんが、長く客が通ってくれることで成り立つ。そんな素敵な関係なのかもしれません。

「違和感」がないことがいい店の条件

いろいろ説明してきましたが、「いい店とはなんですか?」と聞かれると「違和感のない店です」と答えます。これまで説明してきたような要素が揃っていることはもちろんですが、料理が美味しいとか、店が清潔であるとか、サービスが素晴らしいとか、優れた要素がある店でも、その全体のバランスが少しずれていたり、細かいけれど気になってしまうことがあるなど、どこかに「違和感」があると心から食事を楽しめません。

たとえば、サービスマンのシャツのボタンがひとつ外れている。こういうのは、気付くととても気になります。鮨屋で握りがとても美味しいのに、職人の前掛けに穴が開いていて、最後までに気になったこともあります。細かい、と言われるかもしれませんが、細かいところまで神経を使わない店なのかな、と思ってしまうのです。

　美味しいステーキなのに、ナイフがちょっと切れにくくて、何回も動かさないと切れない。これもストレスになりますよね。余談ですが、福井「龍泉刃物」のステーキナイフが素晴らしい。７００年の伝統がある越前打刃物で、70もの層が表れる刃紋が美しく、切れ味が鋭いのです。一度引くだけで、ステーキがすっと切れる快感。ストレスが一切ありません。こういうナイフを置いてくれれば、美味しい肉をより美味しく食べられるのに、と思います。

　店内に流れている音楽が雰囲気と合わない、椅子が高過ぎて気になる、まだ営業中なのに皿を片付け始めた、といったこともありますよね。こうしたこともなんとなくストレスになり、居心地が悪くなるのです。

　この「なんとなく」がクセモノで、僕のように仕事もあってちょっと理屈っぽい客は、居心地の悪い原因を探るので、逆にその原因が解消されれば納得してしまいますが。普通の客は意識しないと思うので「あの店、美味しかったけど、なんとなく居心地悪かったね」という感じになってしまいます。理屈は理屈で返せますが、感覚はなかなか覆せません。

かつてとても素晴らしいレストランがあったのですが、一点だけ、椅子の肘掛の高さがちょっと気になりました。美味しい食事やワインを楽しんでいる間も、ずっと気になるのです。もちろん、一人ひとりの体型に合わせることはできませんが、肘掛のない椅子にしてくれればもっと楽しめるのに、と思い、実際店の人にも伝えました。

ただ、これも2、3時間過ごすレストランだから気になることであって、さくっと飲んで帰る立ち飲み居酒屋であったらテーブルの高さに文句は言いません。要するに店のジャンルや内容や価格に見合ったバランスと違和感のなさが「居心地の良さ」に繋がるのです。

今日美味しくて、明日も食べたくなる

もちろん、「いい店」には美味しい料理があることが必要です。それはただ美味しいだけでなく、「普遍的な美味しさがある料理」だと思っています。今日美味しくて、明日も食べたくなって、10年後も食べたくなるであろう、そんな料理です。

たとえば、東京のフレンチやイタリアンはすごく美味しいと思います。繊細で鋭い美味しさが随所にちりばめられています。本場より美味しいものがあるかもしれませ

ん。でも、そうした鋭角的な美味しさであるほど、一度食べるとそれで満足してしまうし、次に行ったときには違う形の美味しさになっていたりしがちです。

でも、たとえばパリの路地にあるビストロで食べるステークフリットが、鋭い美味しさではないけれど、じわっと旨くて、また次の日も食べたくなったりします。店の中を見渡せば、きっと何十年も同じステークフリットを食べ続けているであろう常連たちがいます。あるいは、ローマの年季の入ったトラットリアで注文すると、アルデンテという言葉を知らないのでは、と思うような柔らかいパスタが出てきて、でも、食べているとじわじわ美味しい。明日も来ようと思ったりします。こうした普遍的な美味しさ、時を重ねることで出てくる味は素晴らしいと思います。

日本でも、そうした店はたくさんあります。〝世界一美味しいポテサラ〟がある青山「ぼこい」もそうですし、銀座で60年近く営業している割烹「かすが」もそうした一軒です。お惣菜的つまみが充実していて、おまかせでコース仕立てにもできるし、食事の前、あるいは締めにちょっとつまんでかるく一杯もできるという、銀座らしい店。ご主人が引退した後も奥様と娘さんが切り盛りして、変わらぬ味わいの料理を提供しています。ちなみに、ここもポテサラが素晴らしく美味しい。そして、最後にカレースープを出してくれるのですが、これでちょっと呑み過ぎたときも翌日すっきりです。

広尾のイタリアン「トゥリオ」は、ビステッカ（Tボーンステーキ）が名物で、30年近く前に初めて食べたときには衝撃的な美味しさでした。当時は渋谷に店があり、その後、一時店を閉めていたのですが、４年ほど前に広尾に再オープン。久しぶりに食べたのですが、30年前の衝撃が蘇りました。低温調理や薪焼き炭焼きなど、肉を焼く技法はいろいろな変化と進化がありましたが、猪狩シェフは強火でしっかり焼くスタイルを貫いていました（でも肉の状態を見ながら肉を動かしたり休ませたり、きめ細かい技があるのです）。

「ずっと同じことをやってるだけだからさ。でも肉は焼き切ったほうが旨いだろ」と言う笑顔も30年前と変わりません。

もちろん、古いから、長く続けているからいいというわけではありません。新しい店でも普遍的な美味しさを感じることがあります。伝統の味と言われる江戸前鮨にしても、江戸時代のタネや技法をそのまま受け継いでいるわけではなく、時代とともに変化と進化を続けてきたからこそ、伝統の味として残っているのだと思います。ただ、時代を超越した美味しさ、そして今後も美味しいであろう普遍的な美味しさをきちんと提供できる店はやはり楽しいし、感動するし、それがいい店のベースだと思うのです。

だから「究極にいい店」とは「違和感ゼロの店」で「普遍的に美味しい料理がある店」です。残念ながら、理想の店にはなかなか出会えませんが。

店を探すときには「目的」を一番に

こうした「いい店」に一人で行って自由に楽しむのは至福のひとときです。でも、やはりいい店は他の人にも知ってほしいと思うので（特に応援したいと思う店はなおさら）、お薦めすることがあります。というより、実際には人から聞かれることが多いのですが。

一番困るのは、ただ「どこかいい店ないですか？」と言われることです。僕は実際に店にお連れするのと同じように、店をお薦めするのも「もてなし」だと思っているので、漠然といい店を聞かれても答えようがないのです。ガイドブックなどでは、料理ジャンル、予算、エリアでカテゴライズすることが多いのですが、実際にもてなすのであれば「目的」が一番重要です。だから、そう聞かれたら、「どんな目的ですか？」と聞き返します。

友達とプライベートで食事をするのか、彼女の誕生日でサプライズを仕掛けたいのか、5、6人でワイワイ呑みたいのか、二人でしっぽり行きたいのか、親を食事に連れて行くのか……。目的によってふさわしい店が違ってきますよね。もちろん、予算やエリアの条件も重要ですが、それも目的によってある程度決まってくるはずです。友達とワイワイなら気軽でお値打ちな店がいいでしょうし、接待やキメのデートならそれなりの店に行くはずです。

さらに、相手がどんな人なのかによって候補を絞ります。いつもいろいろ食べ歩いている人なのか、たくさん食べる人なのか、酒が好きな人なのか。そうした情報と条件を得たうえで、自分だったらどうもてなそうか、と考えるのです。

たとえば、気軽に美味しく飲み食いしたいという友達と行くなら、御徒町の「羊香味坊」か「老酒舗」へ。先に紹介したように、どちらも中国東北地方の料理をつまめるし、紹興酒やワイン、レモンサワーなど酒も幅広い。美味しいし、使い勝手がいいのです。町中華のような店の雰囲気なのですが、発酵白菜と豚肉の美味しい鍋があったり、きれいな味わいのナチュラルワインがあったりと、そのギャップも楽しい。

そこでまだ飲み足りなければ、銀座のバーかワインバーにお連れします。御徒町の（いい意味で）雑多な町から大人の街へと雰囲気を変えるのです。僕がおもてなしを考える場合は、「ギャップ」「サプライズ」をベースにすることが多いですね。逆に、最初から銀座に行って、でも銀座とは思えないような下町の雰囲気の居酒屋「三州屋」や「銀座升本」などに行く、というパターンもあります。

普段、高級な店に行くことが多い人であれば、立ち飲み屋にご案内することもあります。たとえば茅場町の「ニューカヤバ」。ここは僕が「世界一の立ち飲み屋」だと思っている店で、昭和39年開店以来、サラリーマンのオアシスとして賑わっています。カウンターには手づくりのお惣菜が並び、壁には酒の自動販売機が並び、コップを置いて100円入れると日本酒や焼酎、ウイスキーがちょろちょろと出てきます（生ビールの自動注ぎ機もあります）。焼き鳥を頼むと、串に刺さった鶏肉がのった皿を渡されます。これを、奥の炭焼き台に持って行って自分で焼くシステム。みんなテーブルの上に100円玉を積み上げてニコニコしている。おじさんたちのゲーセンのような店ですね。

ただ、こうした店はハマるかどうかの差が激しいので、相手を選ばないと失敗します。僕はいつも一人で行くのですが、「この人なら絶対喜んでくれる」という人はお連れします。特に、女性がこのギャップにハマりますね。この店は女性だけでは入店できないルールがあり、男性グループに一人だけ女性が入れる、というハードルの高さもあるので、女性を連れて行くと喜ばれるのです。

あるいは、フレンチやイタリアンをよく食べている相手であれば、恵比寿の「ル・コック」や神泉の「オルランド」に行きます。

「ル・コック」は恵比寿駅の雑踏から少し離れた静かな場所に佇むフレンチで、物静かな比留間シェフと奥様の二人で営んでいます。ここは前菜からデザートに至るまで、すべて美味しい。鋭い美味しさではなく、じわりと滲み入るような美しく軽やかな味わいなのです。たとえば名物のスモークサーモンは、ミキュイ（半分程度火を入れた状態）で仕上げ、しっとりとした旨味が広がる絶品です。あまりに美味しいので「どうやってつくるのですか？」とシェフに聞くと、「いや普通ですよ」と穏やかな笑顔で言います。こうした奥ゆかしさも含め、本当に上質のフレンチです。フレンチを食べ込んでいる人ほど喜んでくれる一軒です。

「オルランド」はご紹介した通り一人でよく行くのですが、ウッディな落ち着いた内装で、でも気軽に楽しめる居心地のいいイタリアンです。こちらも派手さはないのですが、しっかりイタリアを感じる料理を出してくれます。僕はいつもカウンターで一人で飲み食いしますが、イタリア料理が好きな少人数でテーブルであれこれ食べるのも楽しい。やはりあちこちのイタリアンに行っている人ほど喜んでくれます。

誕生祝いでサプライズを仕掛けたいなら、たとえば恵比寿のネパール料理「クンビラ」へ。ネパール料理はスパイスを使いますが、日本人の口にも合いやすいものが多く、特にこの店は自然な食材を使っていて、きれいな味わいで美味しい。中でもヒマラヤで買い付けた岩塩やハーブでつくる「ヒマラヤ鍋」が素晴らしい。野菜たっぷりの鶏鍋なのですが、岩塩やハーブで際立つまろやかな旨味が身体中に染み渡ります。疲れているときにこれを食べると元気になります。

誕生日祝いを事前にお願いしておくと、サンスクリット語で名前を入れた誕生ケーキを用意してくれます。そして、この誕生ケーキを、店のスタッフ全員が楽器を鳴らし、歌を歌い、踊りながら持ってきてくれるのです。これがすごく楽しい。つい一緒に踊ってしまいます。ただし、この間、料理もサービスもストップしてしまうので、他のお客さんは待たされることになりますが。

第5章

「旨い」は皿の外にある

――食いしん坊仲間との至福のとき

料理と酒と、仲間との会話を楽しむ

皿の中だけではなく、食事を幅広く楽しむのが食いしん坊の楽しみです。だから、僕はいろいろな人と食事に行きます。ただ、食の専門家的な人とはあまり行きません。食事をしながら食の話ばかりになってしまうのが苦手なんです。店で食事をしているのに、他の店の話が出てきたり、特に「あの店はいまひとつだった」「あの店の料理人が独立するらしい」といった、ネガティブ情報や業界情報を聞きながら食べると楽しめません。

だいぶ前の話ですが、ある会食中に、そんな会話にどうしても耐えきれず、途中で帰ってしまったことがあります。相手の方にも店にも本当に失礼なことをしたと思っていますが、でも貴重な食事の時間が辛い時間になってしまうことに、どうしても耐えきれなかったのです。

だから、プライベートで飲み食いするのは食業界以外の人たちが多いですね。美味しいものとワインとダジャレが好きで、僕より一回りほど年上なのに友達のように付き合ってくれる（食事に行くといつもダジャレを言い合う）俳優、時折東京や函館で一緒に飲み食い歩くミュージシャン、番組のロケで一緒になって以来、時々食事に行っては音楽の話や下ネタで盛り上がるアイドル、真面目な話からバカ話まで面白くDJもこなす相撲の親方、頭の回転が速くて話をしているだけで楽しくなるサックスプレイヤー……職業も年齢もバラバラですが、共通しているのは会話が楽しい食いしん坊であること。飲み食いしながらいろいろな話で盛り上がります（時事ネタ、音楽、映画、政治、経済、下ネタ……）。でも、ずっと話に夢中になるわけでなく、料理が出てくると、すぐ食べてその美味しさや食材などについて盛り上がったり、店の人に聞いたりします。料理と酒と会話を普通に楽しむ。これが最高の食事だと思います。

相手と雰囲気によってはさらに変態的に会話を楽しむこともあります。

たとえば、ワインを呑んでいて、ソムリエの真面目な説明を聞いていると、つい、感覚的な表現をぶつけてみたくなります。「夜11時頃に銀座の並木通りを高いハイヒールを履いたロングヘアの女性が歩いているようなニュアンスですね」とか。

これ、ふざけているように聞こえますが、実は本当にワインを呑んで思い浮かんだ情景を言っているんです。で、一緒に呑んでいる人が僕と同類の〝変態〟だと、真面目にのってきます。「いや、ショートヘアではないか？」「並木通りではなくてみゆき通りだろう」とか。

隣のお客さんは「アホか」と思っているでしょうね。でも、優秀なソムリエだと、上手に対応してくれます。「確かにロングヘアが風でなびくような余韻がありますね。では、次は、ゴールデンレトリバーの赤ちゃんのようなワインをお持ちしましょうか？」。こういう素敵なソムリエがいる店は、それだけで通う価値があります。

料理もそうです。たとえば牛肉を食べて「海が見える草原に吹く風が見えました」と味わいを情景に表すと、「そうでしょう！」と店の人にわかってもらえることがあります。先日も、あるレストランで豚肉のソテーが出たのですが、焼いているときから香ばしさが漂ってきて「ああ、どんぐりが落ちている森の中にいるみたい」と呟いたら、シェフ自ら料理を運んできて、「ですよね！ そんな感じの熟成具合なんです」と笑顔になっていました。上手に熟成した肉は、焼くとナッツのようないい香りがするのです。

ただ、これも行きすぎるとやはり周りの人からは奇異な目でみられることになります。『dancyu』で青山の「レフェルヴェソンス」というレストランの記事を辛酸なめ子さんに書いてもらうことになり、一緒に食べに行きました。色とりどりのサラダが出て、僕はいつもの調子で「これは多彩な雑草が生えているワイン用ぶどう畑の中にいるような感じですね」と言うと、生江シェフが「あ、そうですね。僕の中にもその光景のイメージはあります」と答え、話が盛り上がってしまいました。後日、なめ子さんから送られてきた原稿（文章と絵）には「二人の会話は高度過ぎてついていけません」と書いてありました。

「こだわり」を使わないのがこだわり

まわりの理解度（包容度？）に気をつかいつつも、こうした自由な表現の楽しみを広げたいと思っていて、テレビやラジオに出演するときはできるだけ好き勝手（？）言うようにしています。

今、お笑いコンビの和牛とBS日テレで「和牛の町×ごはん」という番組をやらせてもらっていますが、水田さんは元料理人、川西さんも飲み食い大好き、二人とも食いしん坊なのでロケが本当に楽しい。二人とも美味しさの表現が豊かなんです。だから、僕も好き勝手言い放っています。水田さんは僕のダジャレに拒否反応（？）を示しますが、川西さんはきちんと拾ってくれるのでとてもありがたいし。毎回、ゲストを店にお連れしてもてなす内容なのですが、二人とも番組で紹介した店にプライベートでかなり行っています。ロケで店に行ったときも、撮影に関係ない個室を覗いたり、営業時間や予約方法を確認していますから。

この番組では美味しさの表現もかなり自由になっていますが、情報番組やニュース番組の食コーナーの表現はちょっと残念だと思うものが多いですね。「あま〜い！」「やわらか〜い！」が連発されていたり。それが悪いというわけではないのですが、味わいにはもっと豊かな表現方法があると思います。そして「こだわり」も多いですね。「こちらのお店は、こだわりの野菜を使って、塩にもこだわってつくったシェフこだわりの一皿です」。もうこだわりだらけです。

もともと「こだわり」は「固執」というどちらかというとネガティブな意味の言葉です。たとえば「田中将大は直球にこだわるあまり、ホームランを打たれた」といったように使うのが正しい。もちろん、言葉は時代によって変化するものなので、現代ではポジティブなニュアンスがあるのかもしれませんが、だとしても、プロが食材や仕事に「こだわる」のは当然のことで、やはりそれは褒め言葉にならないと思うのです。だから、『dancyu』では褒め言葉として「こだわり」は使いません。「こだわり」を使わないのが『dancyu』のこだわりです。

「食レポのコツはなんですか？」と聞かれることもあるのですが、コツなんてありません。僕は食べて感じたり思ったことを素直に言っているだけなので、それを伝えるだけです。ただ「あま〜い！」「やわらか〜い！」は、感じたことではなく、お約束の決まり文句として言っているような気がして、ちょっと残念なのです。

ちなみに、僕がテレビやラジオに出ているのは、もちろん『dancyu』を知ってもらうためです。ただ、「『dancyu』を買ってください」という宣伝ではなく、世の中の食いしん坊たちに共感を持ってもらいたかったのです。2017年に編集長に就任したときに、どうやって『dancyu』を盛り立てようかと考えました。そのひとつが、「グルメ情報誌」ではなく、「もっと美味しく、楽しくなるための提案を行う食いしん坊雑誌」であることを知ってもらうことでした。

たとえば店情報にしても、ただ客観的な内容やデータなどを掲載するのではなく、『dancyu』に人格を持たせたとして、食いしん坊である〝dancyu さん〟が、ひとりメシに行くとしたらどこへ行ってどんな風に飲み食いするか、大切な人をおもてなしするとしたらどの店でどのような料理を食べてもらうか、実感を込めて具体的に提案します、と。

ただ、やはり〝dancyuさん〟だけでは具体的なイメージがしにくいので、食いしん坊というのはたとえばこんな人ですよ、ということで自分自身をモデルにすることにしました。僕を食いしん坊の具体例として見てもらえればと思って。

だから、テレビやラジオから依頼があった場合、直接、食いしん坊として食の楽しみ方などの話ができるのであれば出させていただきますし、「店のランキングをお願いします」「料理対決してください」といった、『dancyu』や食いしん坊のコンセプトに合わない場合はお断りしています。「情熱大陸」「プロフェッショナル」「アナザースカイ」などのドキュメンタリー番組で、僕の思いや考え方が少しはお伝えできたかと思っているのですが、真面目な話をしつつダジャレを飛ばし過ぎたためか、最近はバラエティ番組が多くなってしまいました（かつては、収録でダジャレを言うとほぼカットされましたが、最近は地上波でも使われるようになってしまいました……）。

「熟成」「自然派」、キーワードに頼り過ぎない

「こだわり」「やわらかい」もそうですが、テレビの食レポだけでなく、雑誌やネットなどでも食を表現するのにキーワードが使われることが多くなってきました。

たとえば「熟成」。「熟成肉だから旨い」というイメージが広がりましたね。確かに肉の状態に応じて温度や湿度を調整し、きちんと手当てをして熟成させるとナッツのようないい香りがして、旨味が濃い味わいの肉に仕上がります。しかし、ただ置いておくだけでは熟成ではなく腐敗になりかねません（熟成と腐敗は、どちらもカビなどの微生物と酵素が作用してタンパク質を分解するものですが、それが旨味に変化すると熟成、人間に害がある状態になると腐敗となります）。それに、特にドライエイジング（乾燥熟成）で熟成すると表面にカビがついたり硬くなったりします。これをきちんと削り落として、中の美味しい部分だけ使うのですが、中には、削り足りない状態で出しているケースもありました。そんな肉は変な臭いがしたり、味に違和感があります。それなのに「熟成肉だから」ということで美味しいと思い込んで食べている人もいたと思います。

同じように、「自然派ワイン（ナチュラルワイン）」というキーワードを見ると「自然派だから美味しい」という〝キーワードマジック〟に陥ってしまう。まだ多くの人が飲み慣れておらず、提供する側もよくわかっていない人が多かった頃には、抜栓したてのものを注いで提供するシーンを見かけました。

多くの自然派ワインは、開けたては独特の臭い（還元臭）がして美味しくありません。少しおいて酸化させると臭いが飛んで美味しくなるのです。それなのに、店のスタッフが「これが自然派ワインの香りです」と説明したり、それを客もまた「なるほど、自然派だからね」と無理に笑顔で飲んでいたり。

果物やトマトなどの糖度もそうです。スーパーや青果店に行くと、「糖度15度！」などというポップがあり、それにつられて買っていく人がいます。でも、そもそも糖度の高さが美味しさを表すわけではありません。糖度だけで見ると、一般的なイチゴとレモンはどちらも8度程度と同じくらいですし、にんにくは約40度もあります（にんにくは人が甘味として感じにくい多糖類が多いなどのため）。実際に甘味が強かったとしても、甘いだけでは美味しくありません。甘味を引き立て、味を引き締める酸味が適度にあってこそ、本当に美味しいのです。

「熟成だから」「自然派だから」「糖度が高いから」といったことで美味しいと思ってしまう。「だから」で決めるのは、舌ではなく頭で食べている証拠で、それは自ら食の楽しみを放棄するようなもの。人は頭のいい動物なので頭で味わうことができるのですが、それは「だから」という理由や理屈を探すのではなく、生産者や料理人の思いや環境など料理のストーリーを感じるために使うべき。そして、自分の感覚で美味しさを見つけることが食を楽しむ基本だと思います。

パッケージに記載されている消費期限を見ないと、それが食べられるかどうかわからない人が増えているので「人という動物は絶滅危惧種になるのではないか」などとよく冗談を言いますが、このままだと本当に将来が心配ですね。

だから、「自然派だから美味しい」と言っている人を見かけると、「自然派だろうが、不自然派であろうが、美味しいものは美味しいし、不味いものは不味い」と、つい呟いてしまいます。

食は進化しているが、食文化は後退している？

「だから」もそのひとつかもしれませんが、判断基準を「情報」に委ねる人も多いですね。ネットや雑誌やテレビ・ラジオなどでとにかく食情報が氾濫しています。あまりに情報が多いので、〝わかりやすい指標〟が目立つようになります。「星の数が多い」「点数が高い」「いつも行列ができている」「予約1年待ち」といった項目です。

情報が増大するほど、多くの人がこうした指標情報に委ねれば間違いないという安心感を持つために、ますますこうした指標が重視されるのでしょう。

一方で、食に対してマニアックな人たちは、人気店の予約を取ることに情熱を注ぎ、「自分はあの店の予約を持っている」ということが一種のステイタスになっています。さらには誰と行くかではなく、とりあえず貸し切りで押さえておき、あとからメンバーを募る。あるいは、点数が低い店の中から穴場を見つけてSNSに上げる。「いい店を見つけました！」と（たとえそれが町場で長年やっている店でも）。もちろん、店にとっては先々の予約まで入っているほうが安心でしょうし、貸し切りにしてくれたほうが効率よく料理を提供できます。店も客も満足するような関係であれば問題はありません。

ただ、わかりやすい指標に頼るにしても、マニアックに店を探して予約を取るにしても、そこに本当の食の楽しみがあるかどうか、とても気になります。

点数や星に関係なく、暖簾のいい雰囲気に誘われて入った居酒屋で気が利いたつまみといい酒に出会うのも食の悦び。何日も前に鮨屋を予約しておまかせの握りを食べるのもいいのですが、当日ふらっと飛び込みで入って、ケースの中の魚を見て選んでつまむのも食の楽しみです。

日本は世界に誇る美食の国で、素晴らしい食材や料理があります。食の技術も目覚ましく進化していると思います。その反面、マニアックな人たちが極端な食の先端を走り、一般の人が情報に流されるといった二極化が、食文化を後退させるのではないかと危惧しています。純粋に自分の基準で食を楽しむ人がいるから、店もそれに応えようとする。いいものはいい、悪いものは悪いという客がいるから、店が進化する。伝統も進化しながら継承される。それがないと食の進化に食文化が追い付かなくなるのではないでしょうか。

もちろん、二極化が進む中でもそんなことに左右されない堂々たる食いしん坊もいます。放送作家・脚本家の小山薫堂さんはその代表でしょう。本当に、根っからの食いしん坊で、たとえば知らない街を訪れたとしても、本能的感覚で素敵な店を探し当ててしまう。世界各地の高級店で凄い料理を食べまくっているのに、洋食や肉屋のコロッケが好きで、でも「このコロッケ200円って高くないですか？」など、普通の価値観を忘れない。これはなかなかできないことです。

その薫堂さんが「ふくあじ」という言葉を思いついたのは10年ほど前のこと。

「食べたあと、満腹になる。食べたあと、おふくろの味を思い出す。食べたあと、幸福感に包まれる。満腹と、おふくろと、幸福、で、ふくあじ。大切なのは、店主とお客さんの間に流れる時間です。料理人の人柄や優しさに触れて、心まで満腹になるような料理。作ってくれる人に感情移入することが、実は最良の調味料だと僕は思うのです。」、小山さんはそう書きました。

まさにこれです。我々が求めているのは。流行とか経済動向とか関係なく、いつまでも愛される普遍的な美味しさ。強烈キャラのお母さんがいる東京・蓮沼のお好み焼き「福竹」、アジフライが美味しい熊本の「みむろ食堂」、お母さんの優しい笑顔とちゃんぽんが素敵な長崎の「寿々屋」……以来、薫堂さんと僕はことあるごとに「ふくあじな店」を探し求めています。いつか、日本の食文化の原点として何らかの形にまとめよう、と話しています。

この原点は『dancyu』のコンセプトでもあります。指標にとらわれることもなく、予約が取れない店を無理に掲載することもなく、普通に美味しく楽しい店を紹介することを心掛けています。先に紹介した「今日美味しくて、明日も美味しい、10年後も美味しいであろう店」です。鋭角的な味わいよりも、毎日通いたいような美味しさ、大好きな友達を連れて行きたくなるような店です。

と、簡単に言っているものの、点数が高い店や行列ができる店を探すのは簡単ですが、「普通に美味しい店」を探すのは大変です。「普通に美味しいランキング」などはありませんから。だから、スタッフは日常的にあちこちで食べ回っているのです。

東京より、地方がますます面白い

ただ、日本各地にはまだまだ普通に楽しい食があります。正直、今は地方が面白いですね。東京で食べるものは本当に美味しいのですが、その感動が想定内であることが多いのです。地方では想像を超える凄い味に出会ったりします。それも、東京でも知られた名店というよりも、普通に地元の人が食べているような料理や店に驚くものがあったりします。47都道府県すべてに足を踏み入れているので、こうした地元ならではの楽しい味にあちこちで出会っています。

たとえば時々訪れる岩手県では洋野町（ひろのちょう）のウニ。ここは稚ウニを育ててから外洋に放ち、それをまた沿岸の海の中に掘った水路で大きくする「洋野うに牧場の４年うに」という美味しいウニがあります。特に７月頃に行くとものすごく旨い。以前、船に乗せてもらって、ウニを採る様子を見せてもらったのですが、潜水服を着てウニを採っているおじさんが、「食うか！」と言ってウニを放り投げてくれました。その場で殻を剥いて海水で洗って食べたウニの味といったら！　感動的でした（受け取った手は痛かったけど）。

さらに印象的だったのは、地元の知人に連れて行ってもらった漁港近くの居酒屋。ちょっと年季が入った港町によくある店かと思ったら、出てきた刺身が凄かった。鮪もイカもサーモンも、とにかく分厚い。厚さ2～3センチはある。人生であんなに厚い刺身に出会ったことがありませんでした。

岩手には美味しい羊もいるんです。内陸部の奥州市の梁川というところで、十軒くらいの農家がそれぞれ少数頭を飼育している「やながわ羊」です。庭先に建てた小屋で育てて、気候がよくなると放牧していて、みなさんが本当に愛情を込めて大切に育てている。出荷時に泣いてしまうお母さんもいるそうです。僕のような知らない人間が入っても仔羊が逃げるどころが柵を越えてすり寄ってきたりします。ストレスもなく、元気に育っているんですね。

そのためか、食べるとものすごくピュアで美しい味がします。もちろん皆さんが工夫して育てていますが、普通のサフォーク種だし、特別な餌を与えているわけではありません。でも、他の国産サフォーク種では感じられない、透き通った味わい。牛や豚などもそうですが、特別な餌を与えたり、テクニカルなことで美味しさをつくり出そうとするよりも、自然な環境で愛情に包まれて育つほうが美味しくなるような気がします。

こうして考えていると、あちこちで出会って、また食べたいものが次々に浮かんできます。函館の鮮魚店のアンコウの肝和え、小樽近くのウニ漁師のお母さんが握ってくれた塩ウニおにぎり、松阪の松阪牛を使ったカレーうどん、京都のマスカットと三つ葉の和えもの、大阪のホルモン焼とセンマイ刺し、明石の居酒屋で食べた海老やタコやシャコがどっさり入った焼うどん（魚介のだしを思い切り吸ったうどんが旨い！）、徳島の鱧皮ちくわ（鱧の皮だけを竹に巻いて焼く竹輪）、鳥取の鰈（かれい）の一夜干し、長崎のたまごサンド、熊本のトマトの握り、天草のタコおにぎり……キリがありません。

漁師がくれた冷えたかつ丼の味

「今まで食べたものの中で一番美味しかったものはなんですか？」とよく聞かれます。どれが一番というのは難しいのですが、最も印象に残る美味しかったものは、大間で食べた、冷えたかつ丼弁当です。

青森・大間に鮪の取材に行き、一本釣り漁船に2回乗せてもらったことがあります。一度目は大しけで一本も釣れず、漁師はよそ者に一言も口をきいてくれず、最悪でした。その2年後、二度目に訪れた時のこと。突然、「今なら船に乗れるぞ！」と組合の人に言われ、慌てて漁港に向かい、漁船に飛び乗りました。乗ってみたら、なんと2年前と同じ菊池さんという漁師の船でした。今度は「おお、前も乗ったな」と話しかけてくれて、漁のことをいろいろ教えてくれました。人見知りで、最初はちょっと警戒していたのかもしれません。

それはありがたかったのですが、どんどんお腹が空いてきました。朝早く宿を飛び出して船に飛び乗ったので、何も食べないまま何も持たずに乗ってしまったのです。鮪が釣れなければ船は港に戻りません。空腹でめまいがしそうになった頃に、菊池さんが「これ食うか？」と大きなプラスチックの容器を差し出しました。中身はぎっしり詰まったかつ丼でした。「もうひとつあるから。大丈夫だ」と。体力仕事ゆえ、奥さんがドカ弁のようなかつ丼弁当を二つ用意していたのでした。

ありがたかったですね。死ぬほど腹が減って、海の上で寒くて凍えて、そんな情けないときに、前回口もきいてくれなかった人が、話しかけてくれて、弁当まで分けてくれた。かつ丼はすっかり冷たくなっていましたが、とっても温かい味でした。人生で最も嬉しかったごはんでした。

「死ぬ前に食べたいものは?」というのもよく聞かれます。これは決まっていてパン・コン・トマテです。これはスペインのカタルーニャ州（州都はバルセロナ）の伝統的な料理で、パンに生のトマトをこすりつけてオリーブオイルをかけるだけのシンプルなものです（生のにんにくを軽くこすりつけたり、塩をふったりすることもあります）。こんな単純なものなのに、トマトやパン、つくる人によって味がまったく違ってきます。

日本でも出す店がありますし、僕も食べたことはあったのですがそれほど美味しいと思いませんでした。しかし、カタルーニャ人の友達で料理人のホセの家に遊びに行ったときにつくってくれたパン・コン・トマテがものすごく美味しかった! それまで食べていたのとまったく違いました。つくり方を教えてもらい、自分でも家でつくるようになったのですが、これを食べていると本当に幸せになります（美味しいハモンセラーノをのせて食べるとさらに幸せになります）。

それ以来、「死ぬ前に食べたいのはパン・コン・トマテ」とあちこちで言っていたら、「アナザースカイ」という番組でバルセロナに行けることになりました。ずっと行きたかった「ラ・ヴェンタ」という老舗レストランで〝世界一のパン・コン・トマテ〟を食べることができたのです。もう感激しかありませんでした。パンが美味しいとかトマトが旨いとかいうことを超越して、感動的な深い味でした。カタルーニャの地で、長い歴史の中で培われてきた郷土の味なのです。僕や『dancyu』が追い求めている普通で普遍的な美味しさはきっとこういうことなのです。食の原点に触れた感じがしました。カメラが回っていなかったら泣いていたかもしれません。

以前から言っていましたが、その時、確信しました。やはり自分はカタルーニャ人であると（そのときのロケで「カタルーニャ人だからいろんなことをカタルーニャ」と言いまくっていましたが、すべてカットされました）。

高知の「おきゃく」はもてなしの原点

日本でも「食」や「もてなし」の原点を感じる場所があります。たとえば高知です。僕は高知には縁もゆかりもありませんでしたが、取材で何度か訪れているうちにその楽しさにハマりました。

高知といえば言わずと知れた酒呑み王国。酒の購入額では全国ダントツ一位です。実際、大酒呑みが多く、紹介したように高知市の中心地にある「ひろめ市場」では朝でも昼でも夜でも、みんな酒を呑んでいる。ビジネスでも普通は仕事の話がまとまってから呑みに行くけれど、高知はまず呑みに行って仲良くなってから仕事の話をする。老若男女みんなで呑む。コンビニに入ると、冷蔵ケースが全部二日酔い防止ドリンクだったのを見たことがあります。

　高知では宴会のことを「おきゃく」と言って、ちょっと人が集まるとすぐおきゃくになります。親戚が集まるからおきゃく、友達が集まっておきゃく、今日は東京から植野がくるからおきゃくやろうか、そんな感じです。座敷で皿鉢料理を用意するような大掛かりなものだけでなく、居酒屋でも焼肉屋でもとにかく人が集まって楽しむ宴会はおきゃくなのです。

　おきゃくの基本マナーは「献杯」「返杯」。銚子と盃を持って目上の人のところに行き、自分が呑み干してから「ご献杯！」と言って盃を差し出す。相手はそれを呑み干してから酒を注ぎ、「ご返杯！」と返します。これがあちこちで繰り返されるのです。酒が進んで座が盛り上がってくるとお座敷遊びが始まります。箸拳（はしけん）、軍師拳（ぐんしけん）、菊の花、可杯（べくはい）などがあり、いずれにしても負けた人が酒を呑まされます。

と言った話をするとたいていの人は怖気づきますね。しかし、実際に体験すると素晴らしい宴会であることがわかります。酒を呑ませるといっても、無理強いはしません。お座敷遊びで酒があまり強くない人が負けたときには、盃に少しだけ注いだり、周りにいる酒が強い人が代わりに呑んでしまいます。だから、みんなが同じようなペースでいい気分になるのです。

「献杯」「返杯」のためにみんなすぐにあちこち移動するから、参加した人ほぼ全員と話ができます。一人だけポツンと離れているといったことがありません。初めての人がいたとしても、帰る頃には全員と仲良くなっています。ビジネス的に考えてもいいシステムだと思います。

家でのおきゃくは仕出しで皿鉢料理を取ることがありますが、これも全員参加のためのおつまみなのです。皿鉢料理というとカツオのたたきがドーンとのっているというイメージがあるかもしれません。実際、そうした酒のつまみが多いのですが、唐揚げや果物、羊羹など甘いものも入っています。酒を呑まない人や子供がいてもみんなが楽しめる盛り合わせになっているのです。

皿鉢料理と酒、テーブルと座布団さえあれば、誰が来ても何人来ても全員が楽しめるシステムになっています。奥さんが台所で料理をつくっていて出てこないなどということもありません（高知は女性も酒呑みが多いし）。

さらに、献杯や返杯のときはもちろん、お座敷遊びで負けて呑むときも「いただきます！」「ごちそうさまでした！」とハッキリ言わないと、「♪ごちそうさまが聞こえない！」とはやし立てられ、もう一杯呑むことになります。これは単なる罰ゲームではなく、酔っても礼儀作法を忘れてはいかん、という教育になっている気がします。

そして何より、話が面白い。僕の知人だけということではないと思いますが、おきゃくの間は笑い声が絶えません。みんなが楽しくなる。全員参加どころか、知らない人もどんどん輪に加わって楽しいひとときを過ごす。僕のようなよそ者がふらっと入ってもすんなり受け入れてくれるし、僕も違和感なくそこで楽しんでいられる。もてなしの原点がここにはあります。

それが楽しくて、時折高知に行くようになり、行くたびにみんなにおきゃくをしてもらい、『dancyu』祭というイベントでも高知の人たちに来てもらって東京でもおきゃくをやりました。ただ楽しいからやっていたのですが、２０１９年には「土佐おきゃく大使」を拝命しました。これは宴会大使ということですから、呑むのが重要な仕事なわけです。

ちなみに、高知に行くと、自分では夜の予定を入れません。高知の知人たちが勝手に（？）おきゃくの予定がぎっしり入れてくれて、深夜まで楽しい時間を過ごさせてもらいます。でも、前日にどんなに深酒をしても、東京に戻る日には「葉牡丹」という居酒屋に立ち寄ってから空港に向かいます。ここは、午前11時から午後11時まで通しでいつでも呑めるありがたい店。50年以上、地元の呑ん兵衛たちの安らぎの里として存在しているのです。いつ行っても、カウンターでおんちゃんたちがゆるゆる呑んでいて、僕も一人でカウンターで、串揚げや煮込みなどをつまみに呑みます（たまに大勢で行くと、オムライスや焼きそばまでいきます。これもつまみになるんです）。こうした、ゆるゆると呑める場所があちこちにあるのです、高知には。

毎年3月には街中が宴会場になる「大おきゃく」という一大酒呑みイベントが開催されます。高知市内のあちこちに酒場スポットが登場し、アーケード街にはこたつが並べられて、七輪で魚を炙りながら酒を呑むという素敵なイベントですので、機会がありましたら是非おいでください。おきゃく大使も法被（はっぴ）を着てふらふら歩いているはずですから。

「食いしん坊倶楽部」を立ち上げた理由

高知から東京に戻ると、ちょっと寂しくなることがあります。それは東京では食の進化と食文化が乖離（かいり）しつつあることによって、本来の楽しさが減っている気がするからです。点数とか星とか予約が取れないとか、正直、ちょっと面倒臭くなってきています。食いしん坊としては、もっとシンプルに食を楽しみたいと思うのです。そう思う人は僕だけではないはずですし、そういう人たちがもっと食いしん坊パワーを発揮すれば、日本の食文化がもっと豊かになると考えています。

そんな食いしん坊たちの集まりをつくるため、2019年4月に「dancyu 食いしん坊倶楽部」を立ち上げました。dancyuWEBから登録すれば誰でも入部できます（無料）。ただし、以下の5カ条を守れることが入部条件です。

〝「知る」はおいしい。〟の精神を常に抱くこと。
流行に惑わされることなく、普遍的な味を追い求めること。
A級もB級も関係なく、楽しく食事ができること。
食材の旬を感じ、産地に思いを馳せること。
おいしい食を提供してくれる人を応援すること。

これ、実は『dancyu』のコンセプトと同じなのですが、それを実際に体験してもらう場として「食いしん坊倶楽部」をつくったのです。特集と連動して「発酵ナイト」（発酵食材を使った料理を楽しみました）「クラフトジンナイト」（クラフトジンを呑み比べました）などの体験イベントを開催していますし、オリジナル商品開発なども手掛け始めています。

たとえば高知の黒潮町缶詰製作所で、食いしん坊倶楽部オリジナル缶詰の開発を進めてもらっています。黒潮町は、南海トラフで大地震が発生した場合、34・4メートルの津波が発生すると予測されている場所です。それだけに、災害に対する意識が高く、黒潮町缶詰製作所でもどこかで災害が発生すると缶詰を送るなど援助活動を行っています。ただ、東日本大震災のときに各地から缶詰が送られたのですが、アレルギーを持つ子供などが食べられなかったということがありました。これを知ったため、ここでは7大アレルゲン食材を使わずに缶詰をつくっています。僕はそれを知らずに、たまたま高知で見つけて缶詰とは思えぬきれいな美味しさだったので、缶詰をつくることがあったらここに頼みたい、と以前から考えていたのです。

開発中の缶詰はお弁当の代わりになるようなものを目指していて、ご飯缶も試作を続けています。それを食いしん坊倶楽部のメンバーに試食してもらい、さらに開発を進めているという状況です。

また、放牧豚も飼育しています。正確には、北海道・十勝のエレゾファームで仔豚から育ててもらっているのです。エレゾは、ジビエの狩猟、豚などの飼育、処理・流通、小売り、レストランまで一貫して肉を取り扱う会社で、社員全員が狩猟免許を持っています。たまたま佐々木社長と知り合い、肉や食に対する真摯な姿勢と実際に扱っている肉の素晴らしさに感動し、十勝にも伺ってその凄さを知り、お願いしたのです。

豚は通常半年程度で出荷します。しかし、エレゾは1年半かけて育てます。山林の傾斜地を元気に走り回っている豚は味もパワーが違います。本当に理屈抜きで力強い美味しさを感じます。豚という動物の本来の生命力をどう生かすか、といった考え方がベースにあるのです。食いしん坊倶楽部でお願いしたのも、単に美味しい豚肉をみんなで食べましょう、ということではなく、なぜ1年半もかけて育てるのか、どんな思いで飼育するのかなど、生産者の思いや考えも併せて知りましょう、という趣旨です。

美味しいものを楽しく食べるだけではなく、食いしん坊として「ちょっと知る」ことでもっと味わいが深くなったり、もっと楽しくなることを目指しているのです。

自分なりに楽しめる食のスタイルを

ひとりメシからだいぶ話が広がってしまいましたが、きちんとひとりメシを楽しめる人が集まると、食事会や宴会は楽しくなります。実際、食いしん坊倶楽部のイベントで一人ずつ参加してもらうものもあるのですが、知らない人同士が集まっても、すぐに仲良くなって盛り上がります。酒が入っても乱れる人は出たことがありません。きっとひとりメシも上手に楽しめる人たちなんだろうなと、嬉しくなります。

これまでひとりメシの楽しみ方を書き連ねてきましたが、結局は自分が楽しめるスタイルを持っているかどうかだと思います。それがないと情報や指標に頼らざるを得なくなる。スタイルを持っていれば、情報や指標から自分が必要な要素だけ得ればいいのです。

僕も自分なりのスタイルをもって食を楽しんでいます。そして、一人でも幸せに浸れる空間と時間があります。

それは、三宿の鮨「金多楼」で鯖をつまみに酒を呑んでるとき、神泉のイタリアン「オルランド」のカウンターでパスタつまんでワインを呑んでいるとき、渋谷の焼鳥「鳥竹 二丁目店」でやきとり齧ってレモンサワー呑んでいるとき、豊洲市場の中華「やじ満」のカウンターでシュウマイ半個と野菜ソバを食べているとき、青山の「赤い部屋」でレコード聞きながらワイン呑んでいるとき、高知の居酒屋「葉牡丹」のカウンターで串揚げで焼酎を呑んでいるとき、青山の「ブルーノート」でデヴィッド・サンボーンを聞きながらワイン呑んでいるとき……食いしん坊の極上ひとりメシの楽しみは尽きないのです。

おわりに――いかにして僕は〝食いしん坊〟になったか

これを書いているのは２０２０年５月です。新型コロナウイルス感染拡大の影響で、人はステイホーム、店は短縮営業です。この異常事態の中、正直、ひとりメシを紹介することを少しためらいました。ひとりメシすらままならない状況になったこと、食いしん坊としてできることが少なくなったこと、人々のメンタリティが違う方向を向いていることなどからです。

しかし、こういう時期だからこそ、食の力を発揮するべきだと思い直しました。食の力とは、美味しいものを食べて元気になることだけではありません。食の楽しみをイメージすることで前を向けるかもしれない、希望を持てるかもしれないということです。あるいは、新たな気づきがあるかもしれません。

個人的にＳＮＳなどで「＃チカバとイツカ」をつけています。

こういう状況だからこそ、近場の美味しいを見つける楽しみがある。いつも前を通り過ぎている近所の肉屋に実は美味しいコロッケがあるかもしれません。いつも通らない路地に入ってみたら、小さなパン屋ができているかもしれません。そんな〝チカバの美味しい〟を見つけるチャンスなのです。

そして、落ち着いたらイツカあの店に行きたい、あの料理を食べようという妄想を膨らませましょう。その妄想が前を向くことになるし、思い続けることで、その店がもっと好きになる、店への応援にもなります。

と書いていたのですが、状況にかかわらず、今後も必要なことだと思っています。食いしん坊がみんなこれを思っていれば、日本の食を応援することにもなるはずです。

僕がこのような食いしん坊になったのは、両親の影響が大きいと思います。

安月給の新聞記者であった父は、大酒呑みで、本当にカラの給料袋を母親に渡すような人でした。だから、休日の昼食はインスタントラーメンだったり。でも、まだ幼かった僕を連れ、父は時折、鰻屋や焼肉屋などで美味しいものを食べさせてくれました。新聞記者を辞め、実家の飲食店を継いで栃木県宇都宮市に住んでからも、上野の鈴本演芸場に落語を聴きに行って、浅草の天ぷら屋やすき焼き屋などにも連れて行ってくれました。植野少年は、ギャップだらけの食生活に「ウチは貧乏なの？ 金持ちなの？」と母親に聞いたそうです。

父は仕事を終えると毎日近所の鮨屋に呑みに行っていました。「夕飯にするからお父さんを呼んできて」と母親に言われると、ウキウキして鮨屋に向かいます。カウンターの椅子にちょこんと座ると、「これ食うか？」と言って、刺身やちょっとした肴を食べさせてくれるのがわかっていたので。

そして母親は料理が上手でした。父が新聞記者時代は、夜中にいきなり後輩を自宅に連れてきて呑ませたこともしばしばあったとか。そんなときに、ありあわせの材料でささっとつまみをつくっていたそうです。中学高校と弁当を持っていったときには毎日蓋を開けるのが楽しみでした。牛肉の八幡巻きなど今でも思い出して食べたくなるものがあります。

そんな環境で育ったから、食と酒に興味を持たないわけがありません。七五三で神社にお参りし、お神酒(みき)を頂いたときに「お代わり！」と元気に叫んだそうです（「恥ずかしかった」と今でも親に言われます）。小学生になると、日曜日の昼食は姉と二人でつくっていました。「ピーマンの中に何を詰めて焼いたら美味しいか」などを考えて実際に試していました。思えば、料理好きはこの頃からなのでしょうね。

こうした子供の頃の環境が今の自分に連なっているのかもしれません。ただ、しつこいようですが僕はグルメではありません。グルメを否定するつもりはありませんが、美食のみを追求するといったことが本当にできないのです。もちろん美味しいものは大好きだし、その食材や理由を知りたいという欲求も強いのですが、すぐ脇見をしてしまうのです。皿の中だけではなくその周りを見てしまうことが楽しい。やはり、ただの食いしん坊が一番落ち着きますね。

最後になりますが、この本を企画・編集していただいた浅井四葉さんには、背中を押して頂いたり、忍耐強く待って頂いたことを含め、本当に感謝しかありません。同じ編集者として見習うことばかりでした。勉強になりました。中村隆さんのイラストにも癒されました。僕に付き合ってダジャレまで……ありがとうございました。

そして、生産者、流通関係者、市場関係者、小売店、料理人、サービス、ソムリエ、パティシエ、調理道具や食器などをつくる職人など、日本の食を、食いしん坊を日々支えてくれる皆様、本当にありがとうございます。

こうした方々のためにも、全国の食いしん坊のみなさん、食いしん坊パワーで日本を笑顔にしましょう！

２０２０年５月

植野広生

本書は、ウェブアスタ連載『隣の人より美味しく食べたい』（２０１８～２０１９年）のテキストに、大幅な加筆修正を行い、新たな書き下ろしを加えてまとめました。内容は２０２０年５月現在のものです。

カバー、本文イラスト　中村隆
カバー写真　竹之内祐幸
カバーデザイン　bookwall
本文ＤＴＰ　高羽正江

植野広生
うえの・こうせい
1962年栃木県生まれ。法政大学法学部に入学と同時に、銀座のグランドキャバレーで黒服のアルバイトを始め、鰻屋、喫茶店など多数の飲食店でアルバイトを経験。卒業後、新聞記者、経済誌の編集担当を経て、2001年プレジデント社に入社。以来『dancyu』の編集を担当し、2017年より編集長に就任。趣味は料理と音楽と言葉遊び。「和牛の町×ごはん」(BS日テレ)にレギュラー出演ほか、「世界一受けたい授業」「アナザースカイ」(日本テレビ系)、「プロフェッショナル　仕事の流儀」(NHK)、「情熱大陸」(毎日放送)などメディアにも登場、最強の〝食いしん坊〟ぶりを発揮。いまだに「大きくなったら何になろう」と考えている。
dancyu公式ホームページ　http://dancyu.jp

ポプラ新書
192

dancyu〝食いしん坊〟編集長の
極上ひとりメシ

2020年7月6日 第1刷発行

著者
植野広生

発行者
千葉 均

編集
浅井四葉

発行所
株式会社 ポプラ社
〒102-8519 東京都千代田区麹町 4-2-6
電話 03-5877-8109(営業) 03-5877-8112(編集)
一般書事業局ホームページ www.webasta.jp

ブックデザイン
鈴木成一デザイン室

印刷・製本
図書印刷株式会社

N.D.C.673/190P/18cm/ISBN978-4-591-16673-4

P8201192

生きるとは共に未来を語ること　共に希望を語ること

昭和二十二年、ポプラ社は、戦後の荒廃した東京の焼け跡を目のあたりにし、次の世代の日本を創るべき子どもたちが、ポプラ（白楊）の樹のように、まっすぐにすくすくと成長することを願って、児童図書専門出版社として創業いたしました。

創業以来、すでに六十六年の歳月が経ち、何人たりとも予測できない不透明な世界が出現してしまいました。

この未曾有の混迷と閉塞感におおいつくされた日本の現状を鑑みるにつけ、私どもは出版人としていかなる国家像、いかなる日本人像、そしてグローバル化しボーダレス化した世界的状況の裡で、いかなる人類像を創造しなければならないかという、大命題に応えるべく、強靭な志をもち、共に未来を語り共に希望を語りあえる状況を創ることこそ、私どもに課せられた最大の使命だと考えます。

ポプラ社は創業の原点にもどり、人々がすこやかにすくすくと、生きる喜びを感じられる世界を実現させることに希いと祈りをこめて、ここにポプラ新書を創刊するものです。

未来への挑戦！

平成二十五年　九月吉日　　株式会社ポプラ社